AF495664

RECUEIL
D'ANCIENS TITRES ET PIECES,
CONCERNANT

La Communauté des Habitants de la Ville de Meaux.

Imprimé par l'Ordre de Messieurs Durel, Conseiller du Roy, Lieutenant particulier, Assesseur criminel, & Premier conseiller au Bailliage & Siege Presidial; Raulin Conseiller du Roy en l'Election; Lanés & Lescuyer Marchands, Bourgeois, tous Echevins-Gouverneurs de la Ville de Meaux.

A MEAUX,
Chez FREDERIC ALART, Imprimeur de la Ville, vis-à-vis Saint Estienne.

MDCC. XXXIX.

RECUEIL
D'ANCIENS TITRES ET PIECES,
Concernant la Communauté des Habitants de la Ville de Meaux.

Tous en Parchemin, & Regiſtrés en la Chambre des Comptes à Paris, N°. 321. du deuxiéme Regiſtre, ainſi qu'il eſt porté en marge de la plus conſiderable partie de ces Pieces, en ces Termes :

Repreſentées le premier Septembre mil ſept cens trente-neuf, tranſcrittes & inſerées dans les Regiſtres de la Chambre des Comptes, en éxecution de la Declaration du Roy, du vingt-ſix Avril mil ſept cens trente-huit. *Signé*, DUCORNET, Greffier en Chef.

Premiere LIASSE, *ſous un même Contre-Seel.*

Les quatre premieres Pieces, ſont quatre Copies collationnées à la ſuite l'une de l'autre, en un Cahier de deux feüilles de Parchemin.

CHARLES Par la Grace de Dieu Roy de France, A tous Ceulx qui ces Préſentes Lettres verront, Salut : Receüe avons humble Supplication des gens d'Egliſe, Bourgeois, Manans & Habitans des Cité, Ville & Marchié de nôtre Ville de Meaulx, contenant que en recouvrant leſdites Places pendant & durant le ſiege qui mis y fut de par Nous, elles furent moult endommaigées en la Fortiffication d'icelles, & pour ce que à cette cauſe & autrement, il convenoit faire neceſſerement pluſieurs grans Réparations & Emparemens, tant ès Tours & Murailles, comme CHARLES VII. 26. Août 1447.

ès Ponts Levis, Fossés, & autrement, qui étoient de grans Frais & sumptueuses Dépenses, ausquelles lesdits Supplians n'eussent peu, ne pourroient fournir, sans mettre sus, & lever sur eulx aucuns Aides; iceulx Supplians, après lesdites Places ainsi recouvertes & mises en nostre obeissance, Nous fisrent exposer ce que dit est, en nous requerans que leur voulsissons octroyer sur eulx aucuns Aides, & mesmement l'apetissement de la Mésure du Vin vendu à détail esdits Lieux & Forsbourgs d'iceulx. Oye laquelle Requeste, & nous inclinant à icelle, par nos autres Lettres données le dix-huitiéme jour de Septembre l'An mil quatre cens quarante-trois, Octroyasmes ausdits Supplians, que jusques au temps & terme de quatre ans prochains après ensuyvans, à compter depuis la Publication desdites Lettres, ils peussent mettre sus, & faire lever & cueillir esdites Ville, Cité, Marchié, & ès Forsbourgs dudit Meaulx, certains Aides dedans déclairés, & entre les autres, ledit Aide de l'apetissement de ladite Mésure du Vin vendu à détail en iceulx Lieux pour la dixiéme Partie, pour les Deniers qui en viendroient & ystroient, être convertis & tournez ès Reffections, Réparations & Emparemens desdits Lieux, & non ailleurs; & que à iceulx Deniers recevoir ils peussent commettre & ordonner aucune Personne souffisant, qui seroit tenu d'en rendre compte en la presence de nos Officiers, pourveu toutes voyes que la plus grant & seine Partie desdits Habitans se consentissent à ce, & que les Deniers de nos Aides, ou d'autres nos Droits n'en feussent diminués. Depuis lequel Octroy par Nous faict, & selon nosdites autres Lettres, & jusques à présent lesdits Deniers & Aides ainsy octroyés ausdits Supplians, ont été cueillis, levez, mis & employez au Faict desdites Reffections, Réparations & Emparemens desdits Lieux, & Places dessusdites, mais ce n'a peu fournir pour icelles Reffections & Réparations, & en est demeuré Partie à faire & soustenir, qui ne pourriont encores être faicts sans auoir les Aides contenus en nosdites autres Lettres, ou Partie d'iceulx; parquoy ladite Ville pourroit être en dangier ou avanture d'être prinse de nos Ennemis & Adversaires les Anglois ou autres, qui seroit & plus être pourroit ou très grant grief, préjudice & dommaige desdits Supplians, requerans pour ces Causes avoir sur ce remede & provision. SAVOIR FAISONS que nous voulant obvier aux inconveniens qui pourroient ensuyr ou advenir esdites Ville, Cité & Marchié de Meaulx, par faute desdites Reffections & Réparations, ausdits Supplians, pour consideration de ce que dit est dessus, avons octroyé & octroyons de nostre grace especial par ces Présentes: Que selon nosdites autres Lettres, & pour le fait d'icelles Reffections, Réparations & Emparemens desdites Ville, Cité & Marchié de Meaulx, ils puissent encores cueillir & lever esdites Ville, Cité, Marchié & Forsbourgs de Meaulx, ledit Aide de l'apetissement de la Mésure du Vin vendu en détail en iceulx Lieux pour la dixiéme Partie, jusques à quatre ans prochains venans après la Publication de cestes, tout ainsy & par telle forme & maniere que octroyé leur a été, par nous au regard de ce par nosdites autres Lettres. Si donnons en Mandement à notre Bailly dudit Lieu de Meaulx, ou à son Lieutenans, & à tous autres nos Justiciers & Officiers qu'il appartiendra, ou à leurs Lieuxtenans, que de notre présente grace & octroy facent lesdits Supplians joyr & user plainement & paisiblement, en contraignant à ce tous ceulx qu'il appartiendra par toutes voyes deues. En témoin de ce Nous avons fait mettre nostre Scel à ces Présentes. Donné à Paris, le vingt-sixiéme jour d'Aoust, l'An de grace mil quatre cens quarante-sept, & de nostre Regne le vingt-cinquiéme. Ainsi signé sur le reply, par le Conseil, G. Tarenne. . . Et au dos desdites Lettres est escript ce qui en suit: CES PRESENTES lues & publiez en Jugement par-devant nous Jehan de la Vacherie, Lieutenant de Noble Homme, Monsieur Denis, Seigneur de Chailly & de la Mothe-de-Nangis, Chevalier, Conseiller Chambellan du Roy nostre Sire, Bailly de Meaulx, Commissaire du Roy nostredit Seigneur, & présentées par Simon de Mortefontaine, Procureur & Receveur de la Ville, Cité & Forsbourgs dudit Meaulx, le Dimanche premier jour du Moys d'Octobre, l'An mil quatre cens quarante-sept. Ainsy *Signé* CHAILLIOT.

CHARLES VII. 2. Septembre 1451.

CHARLES Par la Grace de Dieu Roy de France, A tous Ceulx qui ces Présentes Lettres verront, Salut: Receu avons humble Supplication des Gens d'Eglise, Bourgeois, Manans & Habitans des Cité, Ville & Marchié de nôtre Ville de Meaulx, contenant que en recouvrant lesdites Places pendant & durant le siege qui mis y fut de par Nous, elles furent moult endommaigées en la Fortification d'icelles, & pour ce que à ceste Cause & autrement il convenoit faire necessairement plusieurs grands Réparations & Emparemens, tant ès Tours & Murailles, comme ès Pons-Levis, Fossés & autrement, qui étoient de grans Frais & sumptueuses Despences, ausquelles lesdits Supplians n'eussent peu, ne pourroient fournir sans mettre sus & lever sur eulx aucuns Aides, iceulx Supplians, après lesdites Places ainsy recouvertes & mises en nôtre obeissance, nous firent exposer ce que dit est, en nous requerant que leur voulsissons octroyer sur eulx aucuns Aydes, & mesmement l'apetissement de la Mésure du Vin vendu à détail esdits Lieux & Forsbourgs d'iceulx. Oye laquelle Requeste, & Nous inclinans à icelle, par nos autres Lettres données le vingt-sixiéme jour d'Aoust l'An mil quatre cens quarante-sept, octroyasmes ausdits Supplians que jusques au temps & terme de quatre ans prochains après ensuivans, à compter depuis la Publication desdites Lettres, ils peussent mettre sus & faire lever & cueillir esdites Ville, Cité, Marchié, & Faulxbourgs dudit Meaulx certains Aides dedans déclairés & entre les autres ledit Aide de l'apetissement de ladite Mésure du Vin vendu à détail en iceulx Lieux pour la dixiéme Partie, pour les Deniers qui en viendroient & istroient, être tournés & convertis ès Reffections, Réparations & Emparemens desdits Lieux, & non ailleurs, & que à iceulx

Deniers recevoir, ils peussent commettre & ordonner aucune Personne souffisant, qui seroit tenu d'en rendre compte en la présence de nos Officiers, pourveu toutes voyes que la plus grant & seine Partie desdits Habitans se consentissent à ce, & que les Deniers de nos Aides ou d'autres nos Droits, n'en feussent diminués. Depuis lequel Octroy par nous fait, & selon nosdites autres Lettres, & jusques à présent, lesdits Deniers & Aides ainsy octroyez ausdits Supplians, ont été cueillis, levés, mis & employés au Fait desdites Refections, Réparations & Emparemens des Lieux & Places dessusdits, mais ce n'a peu fournir pour icelles Refections & Réparations, & en est demeuré Partie à faire & soutenir, qui ne pourront encores estre faits sans avoir les Aides contenus en nosdites autres Lettres, ou Partie d'iceulx; parquoy lesdites Réparations & Emparemens desdits Lieux & Places pourroient demeurer à parfaire, qui seroit, & plus être pourroit au tres grant grief, préjudice & dommaige desdits Supplians pour le temps avenir, requerans pour ces Causes avoir sur ce remede & provision. Savoir faisons, que Nous voulant obvier aux inconveniens qui pourroient ensuyvir ou advenir esdites Ville, Cité & Marché de Meaulx, par faute desdites Refections & Réparations, ausdits Supplians, pour consideration de ce que dit est dessus, avons octroyé & octroyons de nôtre grace especiale par ces Présentes, que selon nosdites autres Lettres, & pour le fait d'icelles Reffections, Réparations & Emparemens desdites Ville, Cité, & Marché de Meaulx, ils puissent cueillir, & lever esdites Ville, Cité, Marché, & Faulxbourgs de Meaulx, ledit Aide de l'apetissement de la Mésure du Vin vendu en détail en iceulx Lieux pour la dixiéme Partie, jusques à quatre ans prochains venans après la Publication de cestes, tout ainsy & par telle forme & maniere que octroyé leur a été par nous au régard de ce par nosdites autres Lettres. Si donnons en Mandement à nôtre Bailly dudit lieu de Meaulx, ou à son Lieutenant, & à tous nos autres Justiciers & Officiers qu'il appartiendra, ou à leurs Lieuxtenans, que de nôtre présente Grace & Octroy façent lesdits Supplians joyr & user plainement & paisiblement, en contraignant à ce tous ceulx qu'il appartiendra par toutes voyes deues. En témoin de ce nous avons fait mettre nôtre Scel à ces Présentes. Donné à Paris, le second jour de Septembre, l'An de Grace mil quatre cens cinquante-ung, & de nôtre Regne le vingt-neuviéme. Ainsy signé sur le reply par le Conseil, Charles; & au dos desdites Lettres est escrit ce qui s'ensuit. Ces Presentes lues & publiées en Jugement pardevant nous Jehan de Montion Lieutenant de Noble Homme Monsieur Denis Seigneur de Chailly & de la Mothe de Nangis, Chevalier, Conseiller & Chambellan du Roy nôtre Sire, Bailly de Meaulx, Commissaire du Roy nôtre dit Seigneur, & présentées par Simon de Mortefontaine, Procureur des Habitans de ladite Ville de Meaulx, en la présence de la plus grant & seine Partie des Habitans, lesquels se consentirent à l'enterinement d'icelles, & que les Aides dedans déclarez courinssent & eussent lieu ainsy &

selon le contenu esdites Lettres, le Jeudy derrenier jour de Septembre, l'An mil quatre cens cinquante-ung, ainsy *Signé* CHARPENTIER.

LOYS Par la Grace de Dieu Roy de France, A tous ceulx qui ces Présentes Lettres verront, Salut: Receu avons humble Supplication de nos Chiers & bien Amez les Bourgeois, Manans, & Habitans de nôtre Ville de Meaulx, contenant que par Octroy de Nous, ils ont prins & levé le Dixiéme & Appetissement de la Mésure du Vin vendu à détail en nôtre dite Ville & Forsbourgs de Meaulx par aucun temps, pour les Deniers d'iceluy convertir & employer ès Réparations de nôtre dite Ville, ainsy que plus à plain est déclairé en nos Lettres à eulx sur ce octroyées, Lesquelles expireront au mois de Septembre prochain venant, & desquels Deniers ils ont fait & commancé à faire plusieurs belles & grandes Réparations en nôtre dite Ville; lesquelles ainsy encommancées, & plusieurs autres qui sont très necessaires être faites en icelle nôtre Ville, lesdits Supplians n'ont peu & ne pourroient faire continuer & parachever du leur, obstant les autres grans charges qu'ils ont à supporter, tant pour nos Aides, Tailles, Imposts, Vivres de nos Gens de Guerre, que autres, sans avoir & lever de rechef ledit Aide, si comme ils nous ont fait remonstrer, requerans sur ce nos grace & provision. SAVOIR FAISONS, que Nous ayans considération à ce que dit est, qui voulons lesdites Réparations estre continuées & parachevées en nôtre dite Ville, à iceulx Supplians avons octroyé & octroyons de grace especiale par ces Présentes, que jusques à dix ans prochains venans, à commancer du jour que nosdites autres Lettres dudit Octroy à eulx sur ce octroyées, seront expirées, ils ayent, prennent, & levent par eulx, ou façent lever & recevoir par leurs Comis & Depputés à ce; ledit Dixiéme & Appetissement de ladite Mésure du Vin vendu à détail en nôtre dite Ville & Forsbourgs dudit Meaulx, pour les Deniers qui en viendront & ystront, estre convertis & employés esdites Réparations & Fortiffications de ladite Ville, & autres affaires d'icelle; pourveu toutes voyes que la plus grant & seine Partie desdits Manans & Habitans se consentent à ce, & que nos Droits & nos Deniers de nos Tailles & Aides, n'en soient aucunement diminués ne retardés, & que celuy ou ceulx qui sera ou seront comis a lever lesdits Deniers, seront tenus en rendre compte & reliqua ausdits Supplians, en la présence d'aucuns de nos Officiers. Si donnons en Mandement par ces mesmes Présentes au Bailly de Meaulx, & à tous nos autres Justiciers, ou à leurs Lieuxtenans, & à chacun d'eulx, si comme à lui appartiendra, que de nos présens Grace & Octroy ils facent, souffrent, & laissent joyr & user lesdits Supplians plainement & paisiblement, sans leur faire, mettre, ou donner, ne souffrir estre fait, mis, ou donné aucun trouble, arrest, ne empeschement au contraire, ainçois se aucun leur en estoit sur ce Fait, mis, ou donné, iceluy reparent & mettent, ou façent

LOUIS XI.
17. Décembre 1474.

reparer & mettre tantost & sans delay au premier Estat & deu, en contraignant à ce faire & souffrir lesdits Habitans & tous autres qui pour ce seront à contraindre & à payer ledit Appetissement, & à mesurer à la Mesure ordonnée pour iceluy Appetissement pendant & durant le temps & terme dessus dit, par toutes voyes & manières deues & raisonnables. En témoin de ce nous avons fait mettre nôtre Scel à ces Présentes. Donné à Paris, le dix-septiéme jour de Décembre l'An de Grace mil quatre cens soixante-quatorze, & de nôtre Regne le quatorziéme. Ainsy signé sur le reply, par le Roy, l'Evesque de Meaux, les Sires de Genly, de Lenoncourt, & autres présens, Disoine. Et au dos desdites Lettres est escript ce qui ensuit : COMME dès le Mercredy vingtiéme jour de Septembre mil quatre cens soixante-quinze dernier passé, eussent esté présentées à nous Philippe Bataille, Bachelier ès Loix, Lieutenant General de Noble Homme Philippe des Essarts, Escuyer Seigneur de Thieulx, Conseiller Chambellan du Roy nôtre Sire, & son Bailly de Meaulx, au Villaige de Villenoy près Meaulx, ces Présentes Lettres par Pasquier Blondet, Procureur & Receveur de la Ville & Communaulté de Meaulx, & d'icelles nous eust requis l'enterinement, ce que ne eussions encores voulu faire tant pour autres occupations qui nous estoient ce dit jour survenues, comme pour ce que les Officiers du Roy nôtre dit Seigneur, audit Meaulx n'estoient à ce présens, & à ceste Cause eussions permis audit Procureur & Receveur cueillir & lever le Droit & Aide, dont mention est faite esdites Lettres, jusques à huy Samedy vingt-troisiéme jour dudit mois audit an, que nous sommes transportez en ladite Ville de Meaulx, & Ilec ès présences des Advocat & Procureur du Roy, nôtre dit Seigneur, audit lieu, Noble Homme Jehan Dutertre, dit le Lorrain, Lieutenant de Monsieur de Gaucourt Capitaine dudit Meaulx, Maîtres Simon Dumont, Manuel du Moulin, Girart Hitbert, à présent Gouverneurs d'icelle Ville, Maîtres Jean Auberon, Jehan de Macoubel, Charles la Personne, Advocats & Conseillers en Court Laye audit Lieu, & autres Habitans d'icelle Ville, par iceluy Procureur & Receveur desdits Habitans nous a de rechef esté requis & demandé l'enterinement desdites Lettres, & après lecture faite d'icelles, présens les dessus dits, qui ont consenti l'enterinement, sans aucune chose vouloir dire pour ce empescher, Nous avons dit & déclairé, disons & déclairons, attendu le consentement autresfois fait & donné en pareil cas par la plus grant & seine Partie desdits Habitans, dont il nous est duement apparu par Lettres données de nous, que icelles Lettres seront enterinées, & les enterinons selon leur forme & teneur, & en les enterinant, avons appoincté & appoinctons, que l'Aide, dont mention est faite en icelles, aura cours, & l'avons permis & permettons ausdits Habitans, ou à leur Procureur & Receveur cueillir & lever en ladite Ville durant le temps dedans lesdites Lettres contenu & déclairé. Ainsy *Signé*, DU CHEMIN.

CHARLES,

CHARLES Par la Grace de Dieu Roy de France, A tous Ceulx qui ces Présentes Lettres verront, Salut : Receu avons humble Supplication de nos Chiers & bien Amés les Bourgeois, Mannans, & Habitans de nôtre Ville de Meaulx, contenant que feu nôtre très-Cher Seigneur & Pere, que Dieu absolve, par ses Lettres Patentes données à Paris le dix-septiéme jour de Décembre mil quatre cens soixante-quatorze, ausquelles ces Présentes sont attachées soubs le Contre-Scel de nostre Chancellerie, & pour les Causes dedans contenues, leur octroya qu'ils peussent avoir, prendre, & lever le Dixiéme & Appetissement de la Mésure du Vin vendu à détail en ladite Ville & Forsbourgs d'icelle, jusques au temps & terme de dix ans lors ensuyvans, à commancer du jour & date que autres ses précédentes Lettres de semblable Octroy seroient expirées, pour les Deniers qui viendroient & ystroient dudit Aide, estre convertis & employés ès Réparations, Fortiffications, Emparemens, & autres affaires communs & necessaires de ladite Ville, & non aillieurs. Au moyen & par vertu desquelles Lettres, ils ont joy dudit Octroy jusques au trépas de nôtre dit feu Seigneur & Pere, & des Deniers qui en sont venus & yssus, ont fait & encommancé plusieurs belles & grandes Réparations, lesquelles ils ne sauroient parachever, sans joyr encores dudit Octroy, lequel n'est encores expiré : Toutesfois, obstant le trépas de nôtre dit feu Seigneur & Pere, ils n'oseroient iceluy Aide lever, s'ils n'avoient sur ce nos Lettres de confirmation & provision convenable, humblement nous requerant icelles. POURQUOY Nous, ce que dit est consideré, inclinans liberallement à la Supplication & Requeste desdits Supplians, en faveur d'aucuns nos principaulx Serviteurs & Officiers, qui de ce nous ont supplié & requis, à iceulx pour ces Causes & autres considerations à ce nous mouvans, avons en confermant ledit Octroy ainsy à eulx fait par nôtre dit feu Seigneur & Pere, octroyé & octroyons qu'ils puissent avoir, lever, & recevoir ledit Aide ou Appetissement de Mésure, durant ledit temps à eulx octroyé, qui est encores à escheoir ; & de nôtre plus ample Grace, leur avons d'abondant octroyé & octroyons, voulons & nous plaist, que jusques au temps & terme de dix ans prochains venans, à commancer du jour & date que expireront lesdites Lettres d'Octroy de nôtre dit feu Seigneur & Pere, ils aient, preignent & levent, & facent prandre, lever & recevoir par leurs Comis & Deputtés ledit Dixiéme & Appetissement de ladite Mésure de Vin vendu à détail en ladite Ville & Forsbourgs de Meaulx ; pour les Deniers qui viendront & ystront dudit Aide, convertir & employer ès dites Fortiffications, Réparations, Emparemens, & autres affaires communs & necessaires de ladite Ville, & non ailleurs, pourveu toutesvoyes que à ce se consentent la plus grant & seine Partie desdits Mannans & Habitans, que nos Droits & Deniers n'en soient aucunement retardés, & que celuy ou ceulx qui en feront Recepte & Depence, seront tenus en rendre compte & reliqua ausdits Supplians, en la

CHARLES VIII. 11. Novembre 1483.

B

présence de nos Officiers qu'il appartiendra. Si donnons en Mandement au Bailly de Meaulx, & à tous nos autres Justiciers & Officiers, ou à leurs Lieutenans & Comis, & chacun d'eulx, si comme à luy appartiendra, que de nos présens Confirmation, Octroy, & Prorogation, & choses dessus dites, ils facent, seuffrent, & laissent lesdits Supplians joyr & user pleinement & paisiblement, sans en ce leur faire ou donner, ne souffrir estre fait, mis, ou donné aucun destourbier ou empeschement au contraire; ainçoit se fait, mis ou donné leur estoit, leur le mettent ou facent mettre incontinent & sans délay à plaine délivrance & au premier Estat & Deu, en contraignant à ce faire & souffrir lesdits Habitans & tous autres qui pour ce seront à contraindre, & à paier ledit Appetissement, & à mésurer à la Mésure ordonnée pour iceluy Appetissement pendant & durant le terme & temps dessus dit, par toutes voyes deues & raisonnables; car ainsy nous plaist-il estre fait. En témoin de ce Nous avons fait mettre nôtre Scel à ces Présentes. Donné à Beaugency, le onziéme jour de Novembre l'An de Grace mil quatre cens quatre-vingts & trois, & de nôtre Regne le premier. Ainsi signé sur le réply, par le Roy, Monsieur le Duc de Bourbon Connestable de France, les Comtes de Clermont & de Dunois, vous l'Evêque d'Alby, & autres présens. A Brenon. Et au dos est escript ce qui ensuit. SUR LA REQUESTE le jourd'huy faite à nous Simon Dumont, Licencié ès Loix, Lieutenant General de Monsieur le Bailly de Meaulx, par Jehan Petit-Frere dit Poulye, Procureur de la Communaulté des Habitans de la Ville dudit Meaulx, affin de permettre ausdits Habitans lever & cueillir le Dixiéme & Appetissement de la Mésure du Vin vendu à détail en ladite Ville dudit Meaulx & Faulxbourgs d'icelle, duquel iceulx Habitans ont joy par cy-devant par Octroy à eulx fait par le feu Roy Loys, & à eulx confermé par le Roy nôtre Sire, nous monstrant par ledit Poulye les Lettres Patentes dudit feu Seigneur, pour nous faire apparoir, comme il disoit, dudit Octroy, & celles du Roy nôtre dit Seigneur atachées ensemble soubs le Contre-Scel de la Chancellerie d'iceluy Seigneur, au dos desquelles Lettres dudit Seigneur est escript ce présent Enterinement: Nous en ensuivant le contenu esdites Lettres dudit Seigneur, & après ce que Jehan Dazy, Laurent Cochart, Gouverneurs, & Guilleaume Beaumaistre Receveur des Deniers de la Communaulté, Jehan Duchemin, Jehan Chapuset, Gaultier Henry, Jehan de la Verge, Pierre Payan, Pierre Dupigne, Pierre Gryon, Baudichon Danet, & autres plusieurs Habitans desdites Ville & Forsbourgs, estant congregés & assemblés pardevant nous pour ouïer & veoir faire ladite Requeste, ont consenti que ledit Droit de Dixiéme ou Appetissement feust levé & cueilly en icelle Ville & Faulxbourgs, avons enterriné audit Procureur pour ladite Communaulté lesdites Lettres, & en ce faisant leur permis avoir, prandre, & lever esdites Ville & Faulxbourgs d'icelle, ledit Droit de Dixiéme & Appetissement de ladite Mésure par & durant le temps que ledit feu Seigneur leur a octroyé & jusques au terme de dix ans, commançans au jour & date de l'expiration dudit Octroy; ainsy & par la maniere que ledit Seigneur leur a octroyé & accordé, à la charge toutes voyes de rendre compte & reliqua en la présence de mondit Sieur le Bailly, ou nous & les autres Officiers dudit Seigneur qu'il appartiendra, audit Meaulx, des Deniers qui en viendront & ystront dudit Octroy de Dixiéme & Appetissement, & de les convertir & employer esdites Fortifications, Réparations, Emparemens, & autres affaires communs & necessaires de ladite Ville, & non ailleurs, & sans ce que à l'occasion de ce, les Droits & Deniers dudit Seigneur en soient aucunement retardés. Fait le Samedy quinziéme jour de Novembre l'An mil quatre cens quatre-vingts & trois. Ainsy *Signé*, P. CHAPUSET.

COLLATION est faite des quatre Coppies cy-dessus escriptes, aux Originaux d'icelles, à la Requeste de Maistre Jehan Simon Procureur des Bourgeois & Habitans de la Ville & Marché de Meaulx, lesdits Originaux veus par Maistres Estienne Garnot Procureur de Maistre Pierre Regnault, & Pierre Chanron Procureur de l'Evesque, Chapitre, & Clergié dudit Meaulx. Fait ès Requestes du Palais le dix-septiéme jour d'Octobre mil quatre cens quatre-vingts-treize. Ainsy *Signé*. DE GUETREVILLE. Collation; 17. Octobre 1493.

Les autres Pieces de cette Liasse premiere & qui suivent separement les unes des autres, sont encore sous le même Contre-Scel cy-devant dit.

HENRY Par la Grace de Dieu Roy de France & de Pologne, A nos Amés & Feaulx Conseillers, les Gens de nos Comptes, & Tresoriers Generaulx de France, à Paris, Bailly de Meaulx ou son Lieutenant, & à chacun d'eulx qu'il appartiendra, Salut & dilection. Nos Chers & bien Amés Bourgeois, Manans & Habitans de nôtre Ville & Marché de Meaulx nous ont fait remonstrer, que pour leur donner moyen de faire & entretenir les Réparations, Fortifications, & Emparemens des Murailles, Tours, Portes, Portaulx, Fossés, & autres affaires communes de ladite Ville, nos Predecesseurs Roys, & Nous depuys nôtre advenement à la Courone, leur aurions permis & octroyé par nos Lettres Patentes cy attachées soubs nôtre Contre-Scel, de pouvoir prendre & lever le Dixiéme & Appetissement de la Mésure du Vin vendu & distribué en détail, esdites Ville, Faulxbourgs & Marché de Meaulx, durant certain temps à plain porté par nosdites Lettres, suyvant lesquelles ils ont joy dudit Octroy jusques à huy. Mais pour ce que ledit temps est expiré, ou proche à expirer, & que cessant la continuation dudit Ayde & Octroy, ils ne sauroient d'eulx-mesmes entretenir lesdites Réparations, Fortifications, Remparemens de ladite Ville, ils nous ont très-humblement faict supplier & requerir le leur continuer & prolonger jusques à tel autre temps qu'il nous plaira, & sur ce leur octroyer nos Lettres à ce necessaires. NOUS HENRY III. 30. Novembre 1584.

à ces Causes, desirant ladite Ville être entretenuë en bonne & deuë Réparation, & attendu que oultre, lesdits Bourgeois, Manans & Habitans de ladite Ville & Marché de Meaulx ont plusieurs autres charges à surporter, Avons pour y satisfaire, en leur continuant, renouvellant, & de nouveau donnant ledit Octroy, permis & octroyé, & de nôtre Grace special, plaine Puissance & Auctorité Royale, permettons & octroyons, voulons & nous plaist par ces Présentes, que pendant & durant le temps de sis ans prochains venans & consecutifs à commancer du jour & date de l'expiration de leurdit dernier Octroy, ils puissent, & leurs loise prendre, cueillir & lever par leurs Receveurs & Commis, faire prendre, cueillir & lever sur eulx & chacun d'eulx ladite Ayde & Appetissement de la dixiéme Partie dudit Vin vendu en détail en ladite Ville, Faulxbourgs & Marché de Meaulx, tout ainsy qu'ils ont cy-devant bien & duement faict, & font encors à présent, pour les Deniers qui en viendront durant ledit temps, estre convertis & employés esdites Réparations, Fortiffications, Emparemens, & aultres affaires communes de ladite Ville & Marché, & non ailleurs, ny en autres effects, sur peine de nous en prendre à eulx en leurs propres & privés Noms, & d'estre à toûjours privez de l'effect & contenu en cesdites Présentes; pourveu toutesfoys que la plus grande & seine Partie desdits Habitans se y soient consentis, ou consentent; que nos Deniers n'en soient pour ce aulcunement retardés ny dimynués, & que celluy ou ceulx qui en ont cy-devant faict, & feront cy-aprés la Recepte & Distribution, seront tenus d'en rendre bon compte & reliqua devant tous Gens de nosdits Comptes, c'est assavoir du passé, si faict ne l'ont, avant que joyr de l'effect de cesdites Présentes, & doresnavant de deux ans en deux, sans que pour l'audition dudit Compte en soyt prins aucun Sallaire. Si vous mandons, & à chacun de vous commettons & enjoignons très-expressement qu'en faisant joyr & user lesdits Bourgeois, Manans & Habitans de nôtre présente Grace, continuation, Permission & Octroy durant ledit temps, vous contraigniez ou faictes contraindre tous ceulx qu'il appartiendra, & pour ce feront à contraindre au payement dudit Don, Ayde & Octroy par toutes voyes & manieres dues & raisonnables, & en tel cas requises, nonobstant oppositions ou appellations quelconques, pour lesquelles, & sans préjudice dicelles, ne voullons estre differé. Car tel est nostre plaisir, nonobstant comme dessus, & quelsconques Ecdicts, Ordonnances, Restrinctions, Mandemens, Deffences, & Lettres à ce contraires. Donné à Saint Germain en Laye, le dernier jour de Novembre l'An de Grace mil cinq cens quatre-vingts-quatre, & de nôtre Regne le unziéme. Signé par le Roy en son Conseil, THIELEMENT, & scellé en Cire jaune.

26. Janvier 1585. VEU PAR LA CHAMBRE les Lettres Patentes du Roy, données à Saint Germain en Laye le dernier jour de Novembre dernier passé, signées par le Roy en son Conseil, Thielement, par lesquelles

& pour les Causes y contenues, ledit Sieur continue, renouvelle, & de nouveau permest & octroye aux Manans & Habitans de la Ville & Marché de Meaulx, que pendant & durant le temps de six ans prochains venans & consecutifs, à commancer du jour & date de l'expiration de leur dernier Octroy, ils puissent & leur loise prendre, cueillir & lever, ou par leurs Receveurs & Commis faire prendre, cueillir & lever sur eulx & chacun d'eulx l'Ayde & Appetissement de la dixiéme Pinte du Vin vendu en détail en ladite Ville, Faulxbourgs & Marché de Meaulx, tout ainsy qu'ils ont cy-devant bien & duement faict & font encores de présent: Pour les Deniers qui en viendront durant ledit temps, estre convertis & employés ès Réparations, Fortiffications, Emparemens, & autres affaires communs de ladite Ville & Marché, & non ailleurs, ny en autres effects, sur peyne de s'en prendre à eulx en leurs propres & privés noms, & d'estre à toûjours privés de l'effect & contenu esdites Lettres; pourveu toutesfois que la plus grande & saine partie desdits Habitans s'y soient consentis ou consentent, que les Deniers dudit sieur n'en soient pour ce aucunement retardés ny diminués, & que celuy ou ceulx qui en ont cy-devant faict, & feront cy-après la Recepte & distribution, seront tenus d'en rendre bon compte & reliqua en ladite Chambre, c'est assavoir du passé, si faict ne l'ont avant que joyr de l'effect desdites Lettres; & doresnavant de deux ans en deux ans, ainsy qu'il est contenu esdites Lettres. La Requeste présentée à ladite Chambre par lesdits Impetrans, tendant afin de verification d'icelles, Conclusions du Procureur General dudit Sieur; auquel elles ont été communiquées, tout consideré: LA CHAMBRE, en entherinant lesdites Lettres, a ordonné & ordonne que lesdits Impetrans joiront de l'effect d'icelles selon leur forme & teneur. Fait le vingt sixiéme jour de Janvier l'An mil cinq cens quatre-vingts-cinq. Au dessous est escrit: Extraict des Registres de la Chambre des Comptes. *Signé*, DANES.

LES TRESORIERS DE FRANCE, & Generaux des Finances à Paris; Veu les Lettres Patentes du Roy données à Sainct Germain en Laye, le dernier de Novembre dernier passé ausquelles ces Présentes sont attachées soubs le Scel de nos Expeditions; par lesquelles & pour les Causes y contenues, Sa Majesté a continué & renouvellé, & de nouveau permis & octroyé aux Manans & Habitans de la Ville & Marché de Meaulx, que pendant & durant le temps de six ans prochains venans ensuivans & consecutifs, à commencer du jour de l'expiration de leur dernier Octroy, ils puissent & leur soit loisible, de prendre, cueillir & lever, ou par leurs Receveurs ou Commis faire prendre, cueillir & lever sur eulx & chacun d'eulx, l'Ayde & Appetissement de la dixiéme Pinte du Vin vendu en détail en ladite Ville, Faulxbourgs & Marché de Meaulx, tout ainsy qu'ils ont bien & duement faict & font encores de présent, pour les Deniers qui en viendront durant ledit temps estre convertis & employés aux Réparations, Fortiffications, Emparemens &

31. May 1585.

Il n'est point fait mention sur cette Piece, qu'elle aye été transcripte & registrée en la Chambre des Comptes.

autres affaires commungs de ladite Ville & Marché, & non ailleurs, ny à autres effects, sur peine de s'en prendre à eulx en leurs propres & privés Noms, & d'estre à toûjours privés de l'effect & contenu desdites Lettres, pourveu toutesfois que la plus grande & seyne Partie desdits Habitans se soient à ce consentis & consentent, que les Deniers dudit Seigneur n'en soient pour ce aucunement retardés ni diminués, & à la charge que celuy ou ceulx qui en ont cy-devant faict, & feront cy-après la Recepte & Distribution, seront tenus d'en respondre & rendre bon compte & reliquà, c'est assavoir du passé, si faict ne l'ont avant que jouir de l'effect desdites Lettres, & doresnavant de deux ans en deux ans, selon qu'il est contenu esdites Lettres, verifiées en la Chambre des Comptes à Paris le vingt-sixiéme jour de Janvier dernier, & desquelles, en tant qu'à nous est, consentons en semblable l'entherinement & accomplissement selon leur forme & teneur, pour jouir par les Impetrans de l'effect d'icelles, selon que Sa Majesté le veult & ordonne. Faict à Paris le dernier jour de May mil cinq cens quatre-vingts cinq. Ainsy *Signé*. De Bragelongne & Le Fevre.

Henry IV.
19. Mars 1596.

HENRY Par la Grace de Dieu Roy de France & de Navarre, A nos Amés & Feaulx Conseillers les Gens de nos Comptes, & Tresoriers Generaulx de France à Paris, Bailly de Meaulx, ou son Lieutenant, & à chacun d'eulx qu'il appartiendra, Salut & dilection. Nos Chers & bien Amés les Bourgeois, Manans & Habitans de nostre Ville & Marché de Meaulx nous ont fait remonstrer que pour leur donner moyen de faire & entretenir les Réparations, Fortiffications & Emparemens de Murailles, Tours, Portes, Portaulx, Fossés & autres affaires communs de ladite Ville, nos Prédécesseurs Roys leur auroient permis & octroyé par les Lettres Patentes cy attachées soubs nostre Contre-Scel, de pouvoir prendre & lever le Dixiéme & Appetissement de la Mésure du Vin vendu & distribué en détail esdites Ville Faulxbourgs & Marché de Meaulx durant certain temps à plain porté par nosdites Lettres, suyvant lesquelles ils ont joy dudit Droict jusques à huy. Mais pour ce que ledit temps est expiré, ou proche à expirer, & que cessant ladite continuation dudit Ayde & Octroy, ils ne sçauroient d'eulx-mesmes entretenir lesdites Réparations, Fortiffications & Emparemens de ladite Ville, ils nous ont très-humblement requis & supplié le leur continuer & prolonger jusques à tel autre temps qu'il nous plaira, & sur ce leur octroyer nos lettres à ce necessaires. Nous à ces Causes, desirans ladite Ville estre entretenue en bonne & deue Réparation, & attendu que outre lesdits Bourgeois, Manans & Habitans de ladite Ville & Marché de Meaulx ont plusieurs autres charges à supporter, Avons pour y satisfaire, en leur continuant, renouvellant, & de nouveau donnant ledit Octroy, permis & octroyé, & de nôtre Grace special, plaine puissance & auctorité Royal, permettons & octroyons, voulons & nous plaist par ces Présentes, que pendant le temps de six ans prochains venans & consecutifs, à commancer du jour & datte de ces Présentes, ils puissent & leur loise prendre, cueillir & lever; par leurs Receveurs ou Commis faire prendre, cueillir & lever sur eulx & chacun d'eulx, ladite Ayde & Appetissement de la dixiéme partie dudit Vin vendu en détail en ladite Ville, Faulxbourgs & Marché de Meaulx, tout ainsy qu'ils ont cy-devant bien & duement faict, & font encores à présent; pour les Deniers qui en proviendront durant ledit temps, estre convertis & employés esdites Réparations, Fortiffications, Emparemens, & autres affaires communs de ladite Ville & Marché, & non aillieurs, ny en autres effects, sur peine de nous en prendre à eulx en leurs propres & privés Noms, & d'estre à tousjours privés de l'effect contenu en cesdites Présentes; pourveu toutesfois que la plus grande & saine Partie desdits Habitans se y soient consentis, ou consentent, que nos Deniers n'en soient pour ce retardés ny diminués aulcunement, & que celuy ou ceulx qui en ont cy-devant faict, ou feront cy-après la Recepte & Distribution, seront tenus d'en rendre bon compte & reliqua devant vous Gens de nosdits Comptes, c'est assavoir du passé, si faict ne l'ont, avant que joyr de l'effect de cesdites Présentes. & doresnavant de deux ans en deux ans, sans que pour l'audition dudit compte en soit prins aucun Sallaire. Si vous mandons, & à chacun d'eulx commettons & enjoignons très-expressemens, qu'en faisant joir & user lesdits Bourgeois, Mannans & Habitans de nos présente Grace, Continuation, Permission & Octroy durant ledit temps, vous contraignez ou faites contraindre tous ceulx qu'il appartiendra, & pour ce feront à contraindre au payement dudit Don, Ayde & Octroy, par toutes voyes & manieres deues & raisonnables en tel cas requises, nonobstant oppositions ou appellations quelsconques, pour lesquelles, & sans préjudice d'icelles, ne voulons estre differé. Car tel est nostre plaisir, nonobstant comme dessus, & quelsconques Eedicts, Ordonnances, Restrinctions, Mandemens, Deffences & Lettres à ce contraires. Donné à Paris le dix-neuviéme jour de Mars, l'An de Grace mil cinq cens quatre-vingts-seize, & de nostre Regne le septiéme. Signé par le Roy en son Conseil, Chielement. Et scellées. Au dessous est écrit ce qui suit: Registrées en la Chambre des Comptes, Oy le Procureur Général du Roy, pour joir par lesdits Impetrans de l'effect & contenu en icelles selon leur forme & teneur, à la charge d'en compter en ladite Chambre. Fait le vingt-ungiesme jour de Janvier mil cinq cens quatre-vingts-dix-sept, ainsy *Signé*, DANES.

HENRY par la Grace de Dieu Roy de France & de Navarre, A nos Amés & Féaulx Conseillers, les Gens de nos Comptes, & Tresoriers Generaulx de France à Paris, Bailly de Meaulx ou son Lieutenant, & à chacun d'eulx qu'il appartiendra, Salut & dilection. Nos Chers & bien Amés les Bourgeois, Manans & Habitans de nôtre Ville, Cité & Marché de Meaulx, nous ont fait remonstrer que pour leur donner

HENRY IV.
17. Août 1601.

moyen de faire & entretenir les Réparations, Fortiffications & Emparemens de Murailles, Tours, Portes, Portaulx, Fossés, & autres affaires communs de ladite Ville, il leur auroit par nos Prédecesseurs Roys & Nous esté permis & octroyé de prendre & lever le Dixiéme & Appetissement de la Mésure du Vin vendu & débitté en détail esdites Ville, Faulxbourgs & Marché de Meaulx, durant le temps porté par les Lettres qui en auroient esté expediées, suivant lesquelles ils auroient jouy dudit Droict jusques à hüy. Mais pour ce que ledit temps est expiré ou proche à expirer, & que cessant la levée dudict Octroy ils ne pouroient faire l'Entretenement desdites Réparations, Fortiffications & Emparemens, pour n'avoir Deniers Patrimoniaux, ils nous ont très-humblement supplié & requis de leur continuer & prolonger jusques à tel autre temps qu'il nous plaira, & sur ce leur octroyer nos Lettres à ce nécessaires. NOUS à ces causes, desirans ladite Ville estre entretenue en bonne & deue Réparation, attendu mesmes que lesdits Supplians ont plusieurs aultres Charges à supporter, avons pour y satisfaire, en leur continuant & renouvellant de nouveau ledit Octroy, permis & octroyé, & de nôtre Grace special, plaine puissance & auctorité Royal, permettons, octroyons, voulons & nous plaist par ces Présentes, que pendant le temps de sis ans prochains venans & consecutifs, à commanceur du jour & datte desdites Présentes, ils puissent & leur soit loisible prendre, cueillir & lever par leurs Receveurs ou Commis faire prendre, cueillir & lever sur eulx & chacun d'eulx, ledit Ayde & Appetissement de la dixiéme partie dudit Vin vendu en détail en ladite Ville, Faulxbourgs & Marché de Meaulx, tout ainsi qu'ils ont cy-devant bien & duement faict, & font encores à présent, pour les Deniers qui en proviendront durant ledit temps estre convertis & employés esdites Réparations, Fortiffications, Emparemens, & aultres affaires communes de ladite Ville & Marché, & non ailleurs, ny à autres Effects, sur peyne de nous en prendre à eulx en leurs propres & privés noms, & d'estre a tousjours privés de l'effect contenu en cesdites Présentes, pourveu toutefois que la plus grande & seyne partie desdits Habitans se y soient consentis ou consentent, que nos Deniers ne soient pour ce retardés ne diminués, & que celuy ou ceulx qui en ont fait & feront la Recepte & Distribution, seront tenus d'en rendre bon compte & relicqua en la maniere accoustumée, c'est assavoir du passé, si faict ne l'ont, avant que de joyr de l'effect de cesdites Présentes, & doresnavant de trois ans en trois ans, vallidant en ce faisant ce qui peult avoir été receu dudit Octroy depuis l'expiration de la précédente continuation, à la charge aussy qu'ils seront tenus rapporter chacun an au Sieur de Rosny, Grand Voyer de France, ung Estat de l'employ qui aura esté faict desdits Deniers, avec l'Extraict du dernier Compte rendu en nostredite Chambre. Si vous Mandons & à chacun de vous enjoignons très-expressément, qu'en faisant joyr & user lesdits Bourgeois, Manans & Habitans de nos présens Grace, Continuation, Permission & Octroy durant ledit temps,

temps, Vous contraignez, ou faictes contraindre tous ceulx qu'il appartiendra, & pour ce feront à contraindre au payement dudit Don, Ayde & Octroy, par toutes voyes & manieres deües & raisonnables, en tel cas requis, nonobstant oppositions ou appellations quelsconques, pour lesquelles, & sans préjudice d'icelles, ne voullons estre differé. Car tel est nôtre plaisir. Donné à Paris, le dix-septiéme jour d'Aoust, l'An de Grace mil six cens deux, & de nôtre Regne le quatorziéme. *Signé* par le Roy en son Conseil, POTIER. Et scellées.

VEU PAR LA CHAMBRE les Lettres Patentes du Roy, données à Paris le dix-septiesme jour d'Aoust dernier, signées par le Roy en son Conseil, Potier, obtenues par les Bourgeois, Mannans & Habitans de la Ville, Cité & Marché de Meaulx, par lesquelles & pour les Causes y contenuës, ledict Sieur desirant ladite Ville estre entretenuë en bonne & deue Réparation, attendu que lesdicts Impetrans ont plusieurs aultres charges à supporter, pour y satisfaire, leur a de nouveau permis & octroyé, que pendant le temps de six ans prochains & consecutifs, à commancer du jour & datte desdictes Lettres, ils puissent & leur soit loisible prendre, cueillir & lever par leurs Recepveurs ou Commis sur eulx & chacun d'eulx, l'Ayde & Appetissement de la dixiesme Partye du Vin vendu en destail en ladicte Ville, Faulxbourgs & Marché de Meaux, tout ainsy qu'ils ont cy-devant faict, & font encores apresent, pour les Deniers en provenans estre convertis & employés aux Réparations, Fortiffications, Emparemens & aultres Affaires communes de ladite Ville & Marché, & non ailleurs, ny à aultres Effects, à la charge que ceulx qui en feront la Recepte & Distribution, en compteront en ladite Chambre, & qu'ils seront aussy tenus de rapporter par chacun an au Sieur de Rosny Grand-Voyer de France, ung Estat de l'employ qui aura esté faict desdicts Deniers, ainsy que plus au long le contiennent lesdictes Lettres. Veu aussy les precedantes Lettres dudict Octroy, y attachées soubs le Contre-Scel, registrées en ladicte Chambre le vingt-ungiesme Janvier quatre-vingts-dix-sept; Requeste presentée par lesdicts Impetrans affin de verification desdictes Lettres. Conclusions du Procureur General du Roy, & tout consideré. LA CHAMBRE, en entherinant lesdictes Lettres, a ordonné & ordonne que les Impetrans jouiront de l'effect & contenu en icelles, comme ils en ont cy-devant bien & duement jouy & usé, & à la charge d'en compter en icelle. Faict le quatriesme jour de Septembre mil six cens deux, & Collationné. Audessous est écrit : Extraict des Registres de la Chambre des Comptes, *Signé*, LE PREVOST.

4. Septembre 1602.

LES TRESORIERS DE FRANCE, Generaulx des Finances à Paris; Veu les Lettres Pattentes du Roy, données en ceste Ville de Paris, le dix-septiesme jour d'Aoust dernier passé, signées par le Roy en son Conseil, Potier, & scellées, obtenues par les Manans & Habitans de la Ville, Cité & Marché de Meaulx; par lesquelles & pour les Causes y contenues, ledict Seigneur en leur continuant & renouvellant de nouveau l'Octroy

3. Décembre 1602.

Il n'est point fait mention sur cette Piece, qu'elle ayt été transcripte &

registrée en la Chambre des Comptes.

du Dixiesme & Appetissement de la Mésure du Vin vendu en détail esdictes Ville, Faulxbourgs & Marché de Meaulx, leur a permis & octroyé, veult & luy plaist que pendant le temps de six ans prochains & consecutifs, à commancer du jour & datte desdictes Lettres, ils puissent & leur soit loisible prendre, cueillir & lever, par leurs Receveurs ou Commis faire prendre & lever sur eulx & chacun d'eulx ledict Ayde & Appetissement de la dixiesme Partie du Vin vendu en détail esdictes Ville, Faulxbourgs & Marché de Meaulx, tout ainsy qu'ils ont cy-devant bien & duement faict, & qu'ils font encores aprésent, pour les Deniers qui en proviendront, estre convertis & employés ès Réparations, Fortiffications, Emparemens, & aultres Affaires communes de ladicte Ville & Marché, & non ailleurs, ny à aultres Effects, à peyne d'estre privés de l'effect contenu esdictes Lettres, pourveu que la plus grande & seyne Partie desdits Habitans se y soient consentis ou consentent, & que les Deniers dudit Seigneur ne soient pour ce retardés ne diminués, vallidant ce qui peult avoir esté receu dudict Octroy depuis l'expiration de la derniere Continuation, selon que contiennent lesdictes Lettres; les Lettres de la précedente Continuation dudict Octroy, avec les verifications sur icelles; la Requeste à Nous présentée par lesdicts Impetrans, & tout consideré. CONSENTONS, en tant qu'à nous est, l'Entherinemennt & Accomplissement desdictes Lettres selon leur forme & teneur, à la charge de compter par le Receveur des Deniers commungs de ladicte Ville, qui fera la Recepte & despence des Deniers dudict Octroy, par Estat, pardevant Nous, tant du passé que pour l'advenir, à peyne d'estre d'escheus d'iceluy. Donné à Paris le troisiesme jour de Décembre mil six cens deux. *Signé*, LE CONTE, & FOUREN.

HENRY IV. 10. Septembre 1607.

HENRY Par la Grace de Dieu Roy de France & de Navarre, A nos Amés & Feaulx Conseillers, les Gens de nos Comptes, & Tresoriers Generaulx de France à Paris, Bailly de Meaux ou son Lieutenant, & chacun d'eux qu'il appartiendra, Salut & dilection. Nos Chers & bien Amés les Bourgeois, Manans & Habitans de nostre Ville, Cité, & Marché de Meaux nous ont fait remonstrer, que pour leur donner moyen de faire & entretenir les Réparations, Fortiffications & Emparemens des Murailles, Tours, Portes, Portaux & Fossés de ladicte Ville, il leur avoit par nos Prédécesseurs Roys & Nous, esté permis & octroyé de prendre & lever le Dixiesme & Appetissement de la Mésure du Vin vendu & debité en détail esdictes Ville, Faulxbourgs & Marché de Meaux, durant le temps porté par les Lettres qui en auroient esté expediées, suivant lesquelles ils auroient jouy dudict Droict jusques à huy. Mais pour ce que ledict temps est expiré, ou proche à expirer, & que, cessant la levée dudit Octroy, ils ne pourroient faire l'entretenement desdites Réparations, Fortiffications & Emparemens, pour n'avoir Deniers Patrimoniaux, ils nous ont très-humblement supplié & requis leur continuer & prolonger jusques à autre tel temps qu'il nous plaira, & sur ce leur octroyer nos Lettres. NOUS, à ces Causes, desirant ladite Ville estre entretenue en bonne & deue Reparation, attendu mesmes que lesdits Supplians ont plusieurs autres charges à porter, Avons pour y satisfaire, en continuant & renouvelant de nouveau ledit Octroy, permis & octroyé, & de nos Grace specialle, plaine Puissance & Aucthorité Royal, permettons, octroyons, voulons & nous plaist par ces Présentes, que pendant le temps de six ans prochains venans & consecutifs, à commancer du jour de l'expiration de leur dernier Octroy, ils puissent & leur soit loisible prendre, cueillir & lever, par leurs Receveurs ou Commis faire prendre, cueillir, & lever sur eux & chacun d'eux, ledit Aide & Appetissement de la dixiesme Partie dudit Vin vendu en détail en ladite Ville, Marché & Faulxbourgs de Meaux, tout ainsy qu'ils ont cy-devant bien & duement faict, & font encores àprésent; pour les Deniers qui en proviendront durant ledit temps, estre convertis & employés esdites Réparations, Fortiffications & Emparemens de ladite Ville & Marché, & non ailleurs, ny à autres Effects, sur peine de nous en prendre à eux en leurs propres & privés Noms, & d'estre à tousjours privés de l'Effect & contenu en cesdites Présentes, pourveu toutefois que la plus grande & saine Partie desdits Habitans s'y soient consentis, ou consentent; que nos Deniers n'en soient pour ce retardés ou diminués; & que celuy ou ceux qui en ont faict & feront la Recepte & Distribution, seront tenus en rendre bon compte & reliqua en la maniere accoustumée, c'est assavoir du passé, si faict ne l'ont, avant que de jouir de l'Effect de cesdites Présentes, & doresnavant de six ans en six ans, à la charge aussy qu'ils seront tenus de rapporter de trois ans en trois ans à nostre tres Cher & Amé Cousin le Duc de Sully, Pair & Grand-Voyer de France, ung Estat de l'employ qui aura esté faict desdits Deniers, avecq l'Extraict du dernier Compte rendu en nostredite Chambre. Si vous mandons, & à chacun de vous très-expressement enjoignons, qu'en faisant jouir & user lesdits Bourgeois, Manans & Habitans de nos présens Grace, Continuation, Permission, & Octroy durant ledit temps, vous contraigniez ou faire contraindre tous ceux qu'il appartiendra, & pour ce seront à contraindre, au païement dudit Don, Octroy & Aide, par toutes voyes & manieres deues & raisonnables, en tel cas requises, nonobstant oppositions ou appellations quelconques, pour lesquelles, & sans préjudice d'icelles, ne voulons estre differé. Car tel est nostre plaisir. Donné à Paris le dixiesme jour de Septembre, l'An de Grace mil six cens sept, & de nostre Regne le dix-huitiesme, *Signé* par le Roy en son Conseil, LETENNEUR. Et Scellées.

VEU PAR LA CHAMBRE les Lettres Patentes du Roy, données 3. Octobre
à Paris le dixiesme jour de Septembre dernier, signées par le Roy en son 1607.
Conseil, Letenneur, obtenues par les Bourgeois, Manans & Habitans de la Ville, Cité & Marché de Meaulx, par lesquelles & pour les Causes y contenues, ledict Sieur leur permet & octroye, veult & luy plaist, que pendant le temps de six ans prochains venans & consecutifs, à commancer

du jour de l'expiration de leur dernier Octroy, ils puissent & leur soit loisible prendre, cueillir & lever par leurs Receveurs ou Commis, faire prendre, cueillir & lever sur eulx & chacun d'eulx, l'Ayde & Appetissement de la dixiesme Partie du Vin vendu en détail en ladicte Ville, Marché, & Faulxbourgs de Meaulx, tout ainsy qu'ils ont cy-devant bien & duement faict & font encores aprésent; pour les Deniers qui en proviendront durant ledict temps, estre convertis & employés à l'entretenement des Réparations, Fortiffications & Emparemens de ladicte Ville & Marché, & non ailleurs, ny à autres Effects, sur peine de s'en prendre à eulx en leurs propres & privés Noms, & d'estre à tousjours privés de l'effect & contenu esdictes Lettres, pourveu touteffois que la plus grande & sayne Partie desdicts Habitans si soient consentis ou consentent; que les Deniers de Sa Majesté n'en soient pour ce retardés ou diminués; & que celluy ou ceulx qui en ont faict & feront la Recepte & Distribution, seront tenus en rendre bon compte & reliqua en la maniere accoustumée, c'est assavoir du passé, si faict ne l'ont, avant que de jouir de l'effect desdictes Lettres, & doresnavant de six ans en six ans; à la charge aussy qu'ils seront tenus de rapporter de trois ans en trois ans au Sieur Duc de Suilly, Pair & Grand - Voyer de France, ung Estat de l'employ qui aura esté faict desdicts Deniers, avecq l'Extraict du dernier Compte rendu en ladicte Chambre; ainsy que plus au long le contiennent lesdictes Lettres. Aultres precedans Octroys conceddés ausdicts Impetrans par les Prédécesseurs Roys de France, & par le Roy aprésent regnant, mesmes le dernier d'iceulx du dix - septiesme Aoust mil six cens deux; l'Arrest de veriffication d'icelluy du quatriesme Septembre ensuivant; l'Attache sur ce des Tresoriers Generaulx de France à Paris, du troisiesme Décembre aussy ensuivant. Requeste presentée à ladicte Chambre par lesdicts Impetrans, affin de veriffication desdictes Lettres. Conclusions du Procureur General du Roy, auquel le tout a esté communicqué; & tout considéré, LA CHAMBRE, en entherinant lesdictes Lettres, a ordonné & ordonne que lesdicts Impetrans jouiront de l'effect & contenu en icelles, comme ils en ont cy - devant bien & duement jouy, & à la charge d'en compter en icelle. Faict le troisiesme jour d'Octobre mil six cens sept. Audessous est écrit: Extraict des Registres de la Chambre des Comptes. *Signé*, BOURLON.

27. Novembre 1607.

Il n'est point fait mention sur cette Piece, qu'elle ayt été transcripte & registrée en la Chambre des Comptes.

LES TRESORIERS DE FRANCE, Generaulx des Finances à Paris: Veu les Lettres Patentes du Roy données audit Paris le dixiesme jour de Septembre dernier passé, signées par le Roy en son Conseil, le Tenneur, & scellées, obtenues & à nous presentées de la part des Bourgeois, Manans & Habitans de la Ville, Citté, & Marché de Meaulx, par lesquelles & pour les Causes y contenues, ledit sieur, en leur continuant & renouvelant l'Octroy du Dixiesme & Appetissement de la Mésure du Vin vendu en destail esdites Ville, Faulxbourgs & Marché de Meaulx, leur a permis & octroyé, veult & luy plaist, que pendant le temps de six ans prochains venans & consecutifs, à commancer du jour & datte desdites Lettres, ils puissent & leur soit loisible prendre, cueillir & lever par leur Receveur ou Commis, faire prendre, cueillir & lever sur eulx & chacun d'eulx, ledit Ayde & Appetissement de la dixiéme Partie du Vin vendu en détail esdites Ville, Marché & Faulxbourgs de Meaulx, tout ainsy qu'ils ont cy-devant faict & font encores apresent; pour les Deniers qui en proviendront durant ledit temps, estre convertis & employés à l'entretenement des Réparations, Fortiffications & Emparemens de ladite Ville & Marché, & non ailleurs, ny à autres Effects, & à peine d'estre privés de l'effect & contenu esdites Lettres; vallidant Sa Majesté par icelles ce qui peult avoir esté receu dudit Octroy depuis l'expiration de la derniere Continuation d'iceluy. Les Lettres précédentes de la Concession & Permission de lever ledit Octroy, avec les Actes de veriffications sur icelles. La Requeste à Nous presentées par lesdits Habitans affin de veriffication desdites Lettres; le tout veu. Consentons, en tant que à nous est, l'Entherinement & Accomplissement d'icelles selon leur forme & teneur, à la charge de compter par le Receveur des Deniers communs & d'Octroy de ladite Ville de Meaulx, qui fera la Recepte & Despence des Deniers dudit Octroy, par Estat pardevant Nous, tant du passé que pour l'advenir, auparavant que d'en compter à la Chambre, à peyne d'estre d'escheus d'iceluy. Donné à Paris, le vingt-septiesme jour de Novembre mil six cens sept. Ainsy *Signé*, LATAINIER & DE DONON.

LOUIS Par la Grace de Dieu Roy de France & de Navarre, A nos Amés & Feaux Conseillers, les Gens de nos Comptes, & Tresoriers Generaux de France à Paris, Bailly de Meaux ou son Lieutenant, & à chacun d'eux qu'il appartiendra, Salut & dilection. Nos Chers & bien Amés les Bourgeois, Manans & Habitans de nôtre Ville, Cité & Marché de Meaux, nous ont faict remonstrer, que pour leur donner moyen de faire & entretenir les Réparations, Fortiffications & Emparemens des Murailles, Tours, Portes, Portaux, & Fossés de ladite Ville, il leur auroit par nos Prédécesseurs Roys esté permis & octroyé de prendre & lever le Dixiéme & Appetissement de la Mésure du Vin vendu & debité en destail esdites Ville, Fauxbourgs & Marché de Meaux durant le temps porté par les Lettres qui en auroient esté expediées, suivant lesquelles ils auroient jouy dudit Droict jusques à huy. Mais pour ce que ledit temps est expiré, ou proche a expirer, & que cessant la levée dudit Octroy, il ne pourroient faire l'entretenement desdites Réparations, Fortiffications & Emparemens, pour n'avoir Deniers Patrimoniaux, ils nous ont très-humblement supplié & requis leur continuer & prolonger jusques a tel temps qu'il nous plaira, & sur ce leur octroyer nos Lettres necessaires. NOUS à ces Causes, desirant ladite Ville estre entretenue en bonne & deue Réparation, attendu mesme que lesdits Supplians ont plusieurs autres charges à porter, Avons pour y satisfaire, en continuant & renouvelant de nouveau ledit Octroy; permis & octroyé, & de nôtre Grace, plaine Puissance, & Authorité Royalle, permettons & octroyons, voullons &

LOUIS XIII 16. Juin 1614.

nous plaist, que pendant le temps de six ans prochains venans & consequtifs, à commancer du jour de l'expiration de leur dernier Octroy, ils puissent & leur soyt loisible prendre, cueillir & lever par leurs Receveurs ou Commis, faire prendre, cueillir & lever sur eux & chacun d'eux, ledit Ayde & Appetissement de la dixiesme Partie dudit Vin vendu en détail en ladite Ville, Marché & Fauxbougs de Meaux, tout ainsy qu'ils ont cy-devant bien & duement faict & font encore aprésent, pour les Deniers qui en provie̊ndront durant ledit temps, estre convertis & employés esdites Réparations, Fortiffications & Emparemens de ladite Ville & Marché, & non ailleurs, ny à autres Effects, sur peyne de nous en prendre à eux en leurs propres & privés Noms, & d'estre privés de l'effect & contenu en sesdites Présentes; pourveu toutesfois que la plus grande & saine Partie desdits Habitans s'y soient consentis ou consentent; que nos Deniers n'en soient pour ce retardés ne diminués, & que celuy ou ceux qui en ont faict & feront la Recepte & Distribution seront tenus en rendre bon compte & reliqua en la maniere accoustumée, c'est assavoir du passé, si faict ne l'ont, avant que de jouir de l'Effect desdites Présentes, & doresnavant de six ans en six ans; à la charge aussy qu'ils seront tenus de rapporter de troys ans en trois ans à nôtre très-Cher & Amé Cousin le Duc de Sully, Pair & Grand-Voyer de France ung Estat de l'Employ qui aura esté faict desdits Deniers, pour veoir s'ils auront point esté divertis. Si vous mandons, & à chacun de vous très-expressement enjoignons, qu'en faisant jouir & user lesdits Bourgeois, Manans & Habitans de nos presentes Grace, Continuation, Octroy & Permission durant ledit temps, vous contraignez ou faictes contraindre tous ceux qu'il appartiendra, & qui pour ce feront à contraindre au payement dudit Dong, Octroy & Ayde, par toutes voyes deues & raisonnables, en tel cas requises, nonobstant Oppositions ou Appellations quelconques, pour lesquelles, & sans préjudice d'icelles, ne voullons estre differé. Car tel est nôtre plaisir. Donné à Paris, le seiziéme jour de Juin l'An de Grace mil six cens quatorze, & de nôtre Regne le cinquiéme. Signé par le Roy en son Conseil, Drouyn. Au dessous est écrit: Registrées en la Chambre des Comptes, ouy le Procureur General du Roy, pour jouir par les Impetrans de l'effect & contenu en icelles; à la charge d'en compter en la maniere accoustumée, le vingt-cinquiéme jour de Juing mil six cens quatorze. *Signé*, BOURLON. Et scellées.

31. Juillet 1614.

Il n'est point fait mention sur cette Piece, qu'elle ayt été transcripte & registrée en la Chambre des Comptes.

LES PRESIDENS, TRESORIERS DE FRANCE, Generaulx des Finances à Paris; Veu les Lettres Patentes du Roy, données à Paris le seiziesme jour de Juing dernier, signées par le Roy en son Conseil, Drouin, & Scellées; par lesquelles, & pour les causes y contenues, Sa Majesté a continué & renouvellé aux Manans & Habitans de la Ville, Cité & Marché de la Ville de Meaulx, pour le temps & espace de six ans prochains venans, ensuivans & consecutifs, l'Octroy du Dixiéme & Appetissement de la mésure du Vin vendu en destail esdites Ville, Marché & Faulxbourgs dudit Meaulx, à commancer du jour & datte de l'expiration de leur dernier Octroy, & qu'ils puissent & leur soit loisible prendre, cueillir & lever par leur Receveur ou Commis, faire prendre, cueillir & lever sur eulx & chacun d'eulx ledit Ayde & Appetissement de la dixiéme Partie du Vin vendu en détail esdites Villes, Marché & Faulxbourgs de Meaulx, tout ainsy qu'ils ont cy-devant faict & font encores aprésent; pour les Deniers qui en proviendront durant ledit temps, estre convertis & employés à l'Entretenement des Réparations, Fortiffications & Emparemens de ladite Ville & Marché, & non ailleurs, ny à autres Effécts, sur peine de s'en prendre à eulx en leurs propres & privés Noms, & d'estre privés de l'effect & contenu esdites Lettres; pourveu toutesfois que les Deniers de sadite Majesté n'en soient retardés ny diminués, & que celuy ou ceulx qui en ont ou auront le maniement & administration en rendent bon compte & reliqua, ainsi qu'il est acoustumé, sçavoir du passé, si faict n'a esté, avant que de jouir de l'effect desdites Lettres, & doresnavant de six ans en six ans, ainsy que plus au long est contenu esdites Lettres. Les aultres précedentes concedées ausdits Habitans, avec les Actes de vériffication sur icelles. La Requeste à Nous présentée par lesdits Habitans affin de vériffication desdites Lettres; & tout consideré. CONSENTONS, en tant qu'à nous est. l'entherinement & accomplissement desdites Lettres selon leur forme & teneur, à la charge de compter par le Receveur des Deniers communs & d'Octroy de ladite Ville de Meaulx, qui fera la Recepte & Dépense des Deniers dudit Octroy, par Estat pardevant Nous, tant du passé que pour l'advenir, auparavant que d'en compter à la Chambre, à peine d'estre descheus d'iceluy. Faict au Bureau des Finances à Paris, le dernier jour de Juillet mil six cens quatorze. *Signé*, LETEINIER, DE GAUMONT, & LE GRAS, *&* *plus bas*; par mesdits Sieurs, MESNAGER.

LOUIS par la Grace de Dieu Roy de France & de Navarre; A nos Amés & féaux Conseillers, les Gens de nos Comptes, Présidens & Trésoriers de France, & Generaulx de nos Finances à Paris, Bailly de Meaux ou son Lieutenant, & à tous nos autres Justiciers & Officiers qu'il appartiendra, Salut. Nos chers & bien Amés les Manans & Habitans de nôtre Ville, Cité & Marché de Meaux nous ont fait remonstrer que nos prédecesseurs Roys, voulans recognoistre la fidelité & dévotion qu'ils ont tousjours eû au service de nôtre Etat, & leur donner moyen de faire & entretenir les grandes Réparations, Fortiffications & Emparemens des murailles, Tours, Portes, Poternes & Fossés de ladite Ville, Cité & Marché, leur auroient concedé & accordé de prendre & lever le Dixiesme & Appetissement de la Mésure du Vin vendu & débité en détail esdites Ville, Marché & Faulxbourgs dudit Meaux, durant le temps porté par les Lettres qui leur en ont esté expediées, suivant lesquelles & les nôtres de confirmation & continuation dudit Octroy du seiziesme Juin mil six cens quatorze, duement vériffiées ou besoin a esté, ils ont tousjours jouy dudit Droict jusques à présent, que le temps porté par icelles est prest

LOUIS XIII. 14. Mars 1620.

à expirer, Nous requerans, attendu qu'ils n'ont aucuns Deniers Patrimoniaux, & qu'ils ne peuvent aucunement satisfaire ausdites Charges, qui sont très-grandes, il nous pleuts leur continuer la mesme gratiffication, & leur pourveoir de nos Lettres à ce necessaires. NOUS à ces causes, voulans bien & favorablement traitter les Exposans, pour les mesmes causes & considerations susdites, & de l'importance de ladite Ville, Avons en continuant & renouvellant ledit Octroy, permis & accordé, & de nos Grace specialle, plaine puissance & authorité Royalle, par ces Présentes permettons & accordons aux Exposans, voulons & nous plaist, que pendant le temps de six ans prochains venans & consecutifs, à commancer du jour de nosdites dernieres Lettres, ils puissent & leur soit loisible prendre, cueillir & lever par leurs Receveurs ou Commis, & faire prendre, cueillir & lever sur eux & chacun d'eux ledit Ayde & Appetissement de la dixiesme partie du Vin vendu en détail en ladite Ville, Marché & Faulxbourgs de Meaux, tout ainsi qu'ils en ont bien & duement jouy & jouissent encores de présent ; pour les Deniers qui en proviendront durant ledit temps, estre convertis & employés ausdites Réparations, Fortiffications & Entretenemens de ladite Ville & Marché, & non ailleurs, à peine de nous en prendre à eux en leurs propres & privés noms, & d'estre privés de l'effect & contenu en cesdites Présentes ; pourveu toutefois que la plus grande & saine partie desdits Habitans y ayent consenty ou consentent, que nos Deniers n'en soient retardés ou diminués, & que celuy ou ceux qui en ont fait & feront la Recepte & Distribution, seront tenus en rendre bon compte & reliqua en la forme accoustumée, à sçavoir du passé, s'ils ne l'ont fait, avant que de jouir de l'effect de cesdites Présentes, & doresnavant de six ans en six ans, & qu'ils seront tenus de rapporter de trois en trois en nôtre Conseil un Estat de l'employ qui en aura esté fait, pour veoir s'il n'en aura point esté fait de divertissement. Si vous mandons, & à chacun de vous très-expressement enjoignons, qu'en faisant jouir & user lesdits Exposans de nos présentes Grace, continuation & permission durant ledit temps, vous contraignez ou faittes contraindre tous ceux qu'il appartiendra au payement dudit Octroy & Ayde par toutes voyes deues & raisonnables, nonobstant Oppositions ou Appellations quelconques, pour lesquelles & sans préjudice d'icelles, ne voullons estre differé. Car tel est nostre plaisir. Donné à Paris, le quatorziesme jour de Mars, l'an de Grace mil six cens vingt, & de nôtre Regne le dixiesme. *Signé* par le Roy en son Conseil, DE CUIGY. Et Scellées.

23. May 1620. SUR les Lettres Patentes du Roy, données à Paris le quatorziesme jour de Mars dernier, signées par le Roy en son Conseil, de Cuigy, obtenues par les Bourgeois, Manans & Habitans de la Ville, Cité & Marché de Meaulx ; par lesquelles & pour les causes y contenues, Sa Majesté leur a permis & accordé de prendre, cueillir & lever sur eulx & chacun d'eulx, l'Ayde & Appetissement de la dixiesme partie du Vin vendu en détail

détail en ladite Ville, Marché & Faulxbourgs durant le temps de six ans prochains venans & consecutifs, à commencer du jour de l'expiration des dernieres Lettres dudit Octroy; pour les Deniers provenans d'icelluy, estre employés aux Réparations, Fortiffications, & Entretenemens de ladite Ville & Marché, & non ailleurs, ainsy que plus au long le contiennent lesdites Lettres. Veu lesquelles par la Chambre, ensemble les précédens Octroys y attachés soubs le Contre-Scel, mesmes celuy du seiziesme Juin mil six cens quatorze, régistré en ladite Chambre le vingt-cinquiesme dudit mois. Requeste presentée par lesdits Impetrans affin de verriffication desdites Lettres. Conclusions du Procureur General du Roy, & tout consideré. LA CHAMBRE a ordonné & ordonne qu'après qu'il aura esté compté desdits Octroys, sera faict Droit aux Supplians, ausquels sera dellivré Commission pour à la Requeste du Procureur General faire assigner les Receveurs qui ont a compter. Fait le vingt-troisiesme May mil six cens vingt. Au dessous est écrit: Extraict des Registres de la Chambre des Comptes, *Signé*, BARTHELMI.

VEU PAR LA CHAMBRE les Lettres Patentes du Roy, données à Paris le quatorziesme jour de Mars dernier, signées par le Roy en son Conseil, de Cuigy, obtenues par les Manans & Habitans de la Ville, Citté & Marché de Meaulx, par lesquelles Sa Majesté les voullant bien & favorablement traitter, leur a, en continuant & renouvellant l'Octroy à eulx faict, permis & accordé, que pendant le temps de six ans prochains venans & consecutifs, à commancer du jour des dernieres Lettres dudit Octroy, ils puissent & leur soit loisible prendre, cueillir & lever par leurs Receveurs ou Commis, & faire prendre, cueillir & lever sur eulx & chacun d'eulx, l'Ayde & Appetissement de la dixiesme Partie du Vin vendu en destail en ladite Ville, Marché & Faulxbourgs de Meaulx, tout ainsy qu'ils en ont bien & duement jouy, & jouissent encores de présent; pour les Deniers qui en proviendront durant ledit temps, estre convertis & employés aux Réparations, Fortiffications & Entretenemens d'icelle Ville, Faulxbourgs & Marché de Meaulx, & non ailleurs, à peine ne s'en prendre à eulx en leurs propres & privés Noms, & d'estre privés de l'effect & contenu desdites Présentes; pourveu toutesfois que la plus grande & sayne Partie desdits Habitans y ayent consenty ou consentent, que les Deniers de Sadite Majesté n'en soient retardés ou diminués, & que celluy ou ceulx qui en ont faict ou feront la Recepte & Distribution, seront tenus en rendre bon compte & reliqua en la forme accoustumée, à sçavoir du passé, s'ils ne l'ont faict, avant que de jouir de l'Effect desdites Lettres, & doresnavant de six ans en six ans, & qu'ils seront tenus de rapporter de trois en trois ans au Conseil un Estat de l'employ qui en aura esté faict, pour veoir s'il n'en aura point esté faict de divertissement, & mande à ladite Chambre verifier & entheriner lesdites Lettres, & faire jouir lesdits Impetrans de l'effect & contenu en icelles selon leur forme & teneur, comme plus au long elles le contiennent. Veu aussy autres précédens Octroys conceddés à iceulx Impetrans, mesmes 30. Août 1620.

le dernier d'iceulx du seiziesme Juing mil six cens quatorze, verissié en ladicte Chambre le vingt-cinquiesme dudit mois, & Attache des Tresoriers Generaulx de France à Paris le dernier jour de Juillet ensuivant, y attachés soubs le Contre-Scel. Arrest de ladicte Chambre intervenu sur lesdictes Lettres, du vingt-troisiesme May dernier, par lequel elle auroit ordonné, qu'après qu'il auroit esté compté desdicts Octroys, seroit faict Droict ausdits Impetrans; ausquels seroit delivré Commission pour à la Requeste du Procureur General faire assigner les Receveurs qui auroient à compter; la Commission dudict jour, & Exploict faict en vertu d'icelle aux fins dudit Arrest. Requeste présentée à icelle Chambre par lesdicts Impetrans, affin de verification desdictes Lettres. Conclusions du Procureur General du Roy; & tout consideré. LA CHAMBRE, en entherinant lesdictes Lettres, a ordonné & ordonne que les Impetrans jouiront de l'effect & contenu en icelles, & que l'Exploict & Assignation faict à la Requeste du Procureur General du Roy le dixiesme Juing dernier, sera baillé & mis ès mains dudict Procureur General, pour contraindre & poursuivre les Receveurs des Deniers communs de ladicte Ville, de compter des années desquelles ils sont en demeure de compter. Faict le trentiesme jour d'Aoust mil six cens vingt. Au dessous est écrit: Extraict des Registres de la Chambre des Comptes, *Signé*, BOURLON.

24. Septembre 1620.

Il n'est point fait mention sur cette Piece, qu'elle ayt été transcripte & registrée en la Chambre des Comptes.

LES PRESIDENS, TRESORIERS DE FRANCE, & Generaux des Finances à Paris; Veu les Lettres Patentes du Roy données à Paris le quatorziéme jour de Mars dernier, Signées par le Roy en son Conseil, de Cuigy, & Scellées du Grand Scel, obtenues & à Nous présentées de la part des Manans & Habitans de la Ville, Cité & Marché de Meaux, par lesquelles Sa Majesté les voulans favorablement traicter, leur a, en continuant & renouvelant l'Octroy à eulx cy-devant concedé, permis & acordé que durant le temps de six ans, à commencer du jour de l'expiration des dernieres Lettres d'Octroy, ils puissent & leur soit loysible, prendre, cueillir & lever, par leurs Commis ou Fermiers sur eulx, l'Ayde & Appetissement de la dixiéme Partie du Vin vendu en détail en ladite Ville, Marché & Fauxbourgs de Meaux, tout ainsy qu'ils en ont bien & duement jouy, pour les Deniers en provenans estre convertis & employés aux Réparations, Fortifications, & Entretenemens de ladite Ville, Fauxbours & Marché d'icelle, & non ailleurs, à peyne d'en respondre en leurs propres & privés Noms, pourveu que la plus grande & seine partye y ayent consenty & consentent, & que les Deniers de Sa Majesté n'en soient diminués ne retardés, & que celui ou ceux qui en ont faict & feront le manyement, en comptent pardevant Nous, ainsy que plus au long le contiennent lesdites Lettres. Veu aussi les Précedentes dudit Octroy, & les vérifications intervenues sur icelles, & tout consideré. Consentons, en tant qu'à nous est, l'entherinement & accomplissement desdites Lettres selon leur forme & teneur, pour jouir par les Impetrans de l'Effect d'icelles durant lesdites six années, qui finiront le dix-septiéme Aoust mil six cens vingt-six, à la charge d'en compter devant Nous de trois ans en trois ans, pour l'advenir, & du [illegible] jour Saint Martin prochain. Fait au Bureau des Finances, le vingt-quatriéme jour de Septembre mil six cens vingt. *Signé*, LE GRAS, AUBERY, LE CONTE, & LE BRET, & *plus bas*: Par mesdicts Sieurs, *Signé*, SENCIER.

A TOUS CEUX qui ces présentes Lettres verront, les Présidens, Lieutenant, Conseillers & Esleus pour le Roy nostre Sire, en l'Eslection de Meaux, Salut. Sçavoir faisons, que veu la Requeste à nous présentée par les Gouverneurs & Eschevins de la Ville, Citté, Marché & Faulxbourgs de Meaux, disant que Sa Majesté par ses Lettres Patentes données à Paris le quatorziesme Mars mil six cens vingt dernier passé, leur a continué pour le temps de six ans l'Octroy à icelle Ville, Marché & Citté conceddé par Sadicte Majesté du droict d'Appetissement de la dixiesme Partie du Vin vendu en détail, appellé la Petite Pinte, en ladicte Ville, Marché & Faulxbourgs de Meaux, pour en jouir par eux, prendre, cueillir & lever ledit Droict, ainsy qu'il est plus au long contenu par lesdictes Lettres, vériffiées en la Chambre des Comptes le trentiesme Aoust an présent & dernier passé, & pour ce requis il nous pleust ordonner que lesdictes Lettres & vériffication d'icelles, seront publiées & registrées en nostre Greffe, pour par lesdicts Supplians jouir dudict Droict, ainsy qu'il est accoustumé, & selon qu'il est porté par lesdictes Lettres. Veu ladicte Requeste, les Pieces justificatives d'icelles, & du consentement du Procureur du Roy, auquel le tout a esté communiqué. Nous ordonnons que les Lettres de continuation d'Octroy, mentionnés en la présente Requeste, & Arrest de vériffication d'iceulx, & Ataches, feront registrés au Greffe de Ceans, pour y avoir recours, & jouir par les Supplians de l'Effect d'iceulx, ainsy qu'il est accoustumé. Par nostre Sentence de Registrement, Jugement & par Droict. Ce fut faict & donné en la Chambre du Conseil de ladicte Eslection, le vingt-quatriesme jour d'Octobre mil six cens vingt. *Signé* par collation, CHALEMOT.

24. Octobre 1620.

Il n'est point fait mention sur cette Piece, qu'elle ayt été transcripte & registrée en la Chambre des Comptes.

LOUYS Par la Grace de Dieu Roy de France, & de Navarre, A nos Amés & Feaux Conseillers, les Gens de nos Comptes, Présidens & Trésoriers de France, & Genéraux de nos Finances à Paris, Bailly de Meaux ou son Lieutenant, & à tous nos autres Justiciers & Officiers qu'il appartiendra, Salut. Nos Chers & bien Amés les Manans & Habitans de nostre Ville, Cité & Marché de Meaux, nous ont faict remonstrer que nos Prédecesseurs Roys voulans recognoistre la fidelité & dévotion qu'ils ont tousjours eus au service de nostre Estat, & leur donner moyen de faire & entretenir les grandes Réparations, Fortiffications & Emparemens des murailles, Tours, Portes, Poternes & Fossés de ladite Ville, Cité & Marché, leur auroient concedé & accordé de prendre & lever le Dixiesme & Appetissement de la Mésure du Vin vendu & débité en détail esdicte Ville, Marché & Fauxbourgs dudict Meaux, durant le temps porté par les Lettres qui leur en ont esté expediées, suivant lesquelles Lettres & les nostres de Confirmation dudict Octroy, vérifiées ou besoing a esté,

LOUIS XIII. 19. Janvier 1616.

ils ont tousjours jouy dudict Droict jusques à présent, que le temps porté par icelles est prest à expirer, Nous requerans, attendu qu'ils n'ont aulcuns Deniers Patrimoniaux, & qu'ils ne peuvent aultrement satisfaire ausdites Charges qui sont trés-grandes, il nous pleust leur continuer la mesme gratification, & leur pourveoir de nos Lettres à ce necessaires. Nous à ces Causes, voulant bien & favorablement traicter les Exposans, pour les mesmes Causes & Considerations susdictes, & de l'importance de ladicte Ville, Avons, en continuant & renouvellant ledict Octroy, permis & accordé, & de nos Grace speciale, plaine Puissance & Aucthorité Royalle par ces Présentes permettons & accordons aux Exposans, voulons & nous plaist, que pendant le temps de six ans prochains venans & consecutifs, à commancer du jour de nosdictes dernieres Lettres, ils puissent & leur soit loisible prendre, cueillir & lever sur eux & chacun d'eux ledict Ayde & Appetissement de la dixiesme Partie du Vin vendu en détail en ladicte Ville, Marché & Fauxbourgs de Meaux, tout ainsy qu'ils en ont bien & duement jouy & en jouissent encores de présent, pour les Deniers qui en proviendront durant ledit temps, estre convertis & employés ausdictes Réparations, Fortiffications & Entretenemens de ladicte Ville & Marché, & non ailleurs, à peine de nous en prendre à eux en leurs propres & privés Noms, & d'estre privés de l'effect & contenu en cesdictes Présentes; pourveu touteffois que la plus grande & saine partie desdicts Habitans y ayent consenty ou consentent; que nos Deniers n'en soient retardés ou diminués; & que celuy ou ceux qui en ont faict & feront la Recepte & Distribution, seront tenus en rendre bon compte & reliqua en la forme accoustumée, assavoir du passé, s'ils ne l'ont faict, avant que de jouir de l'Effect de cesdictes Présentes, & doresnavant de six ans en six ans, & qu'ils seront tenus de rapporter de trois en trois en nostre Conseil, un Estat de l'employ qui en aura esté faict, deuement vérifié par vous dicts Trésoriers, pour veoir s'il n'en aura point esté faict de divertissement. Si vous mandons, & à chacun de vous très-expressement enjoignons, qu'en faisant jouir & user lesdicts Exposans, de nos présente Grace, Continuation & Permission durant ledict temps, vous contraignez ou faites contraindre tous ceux qu'il appartiendra, au payement dudict Octroy & Aydes, par toutes voyes deues & raisonnables, en tel cas requises, nonobstant Oppositions, ou Appellations quelconques, pour lesquelles, & sans préjudice d'icelles, ne voulons estre differé. Car tel est nostre plaisir. Donné à Paris, le vingt-neuvième jour de Janvier, l'An de Grace mil six cens vingt-six, & de nôtre Regne le seiziesme. signé par le Roy en son Conseil, Thibault, & scellé. Au dessous est écrit; Registrées, en la Chambre des Comptes; Ouy le Procureur General du Roy, pour jouir par les Impetrans du contenu en icelles, à la charge d'en compter en la maniere accoustumée, le vingt-deuxiesme jour de Juin mil six cens vingt-six. *Signé*, Bourlon.

7. Juillet. 1626. Les Presidens, Tresoriers de France, Generaulx des Finances à Paris: Veu les Lettres Patentes du Roy données à Paris le vingt-neufviesme

jour de Janvier dernier, signées par le Roy en son Conseil, Thibault, & scellées; obtenues par les Manans & Habitans de la Ville, Cité & Marché de Meaulx, par lesquelles, & pour les Causes y contenues, Sa Majesté leur a permis & accordé que pendant le temps de six années suivantes & consecutives, ils puissent & leur soit loisible prendre, faire cueillir & lever l'Ayde & Appetissement de la dixiesme Partie du Vin vendu en détail en ladite Ville, Marché & Fauxbourgs, pour les Deniers en provenans, estre convertis & employés aux Réparations, Fortifications & Entretenemens d'icelle Ville, & non ailleurs, à peine d'en respondre par eux en leurs propres & privés Noms, & d'estre privés de l'effect & contenu esdictes Lettres; à la charge d'en compter par le Receveur des Deniers communs en la maniere accoustumée, comme plus au long le contiennent lesdictes Lettres: les précédentes desdictes Lettres, & nos verifications sur icelles; & tout consideré. Consentons, en tant qu'à nous est, l'Entherinement & Accomplissement desdictes Lettres, lesquelles seront registrées ès Registres de cette Generalité, pour jouir par les Impetrans de l'effect & contenu d'icelles durant lesdictes six années, qui finiront le dix-septiesme Aoust mil six cens trente-deux, pour les Deniers en provenans estre employés à l'Effect à quoy ils sont destinés par lesdictes Lettres, & non ailleurs, sur les peines portées par icelles, à la charge de compter par le Receveur des Deniers communs de ladicte Ville de Meaulx de l'Employ d'iceux Deniers pardevant Nous, de trois ans en trois ans, ainsy qu'il est accoustumé. Faict au Bureau des Finances à Paris le septiesme jour de Juillet mil six cens vingt-six. *Signé*, Le Teinier, Le Bret, & Veillart, *Et plus bas*, par Mesdicts Sieurs, Sencier.

Il n'est point fait mention sur cette Piece, qu'elle ayt été transcripte & registrée en la Chambre des Comptes.

Louis XIII. 15. Janvier 1633.

LOUIS Par la Grace de Dieu Roy de France & de Navarre, A nos Amés & Féaux Conseillers les Gens de nos Comptes, Cour des Aydes, Présidens & Trésoriers de France, & Generaulx de nos Finances à Paris, Salut. Nos Chers & bien Amés les Manans & Habitans de nostre Ville, Cité & Marché de Meaux, nous ont faict remonstrer que nos Prédecesseurs Roys voulans recognoistre la fidelité & dévotion qu'ils ont tousjours eu au service de nostre Estat, & leur donner moyen de faire & entretenir les grandes Réparations, Fortifications & Emparemens des Murailles, Tours, Portes, Poternes & Fossés de ladicte Ville, Cité & Marché, leur auroient conceddé & accordé de prendre & lever sur le Dixiesme & Appetissement de la Mésure du Vin vendu & débité esdite Ville, Fauxbourgs & Marché dudit Meaux, durant le temps porté par les Lettres qui leur en ont esté expediées, suivant lesquelles Lettres & les nostres de Continuation & Confirmation dudit Octroy, vérifiées ou besoin a esté, ils ont tousjours jouy dudit Droict jusques aprésent, que le temps porté par icelles vient d'estre expiré, Nous requerans, attendu qu'ils n'ont aucuns Deniers Patrimoniaux, & qu'ils ne peuvent autrement satisfaire ausdites Charges qui sont très-grandes, il nous pleust leur continuer la mesme gratification, & leur pourveoir de nos Lettres à ce nécessaires. Nous à ces Causes, voulans bien & favorablement traicter les Exposans, pour les mesmes Causes & Considerations susdites, & de l'importance de ladite Ville, Avons en continuant & renouvellant ledit Octroy, permis & accordé, & de nos Grace speciale, plaine Puissance & Authorité Royalle, par ces Présentes permettons & accordons aux Exposans, voulons & nous plaist, que pendant le temps de six ans prochains venans & consecutifs, à commancer du jour de nosdites Lettres, ils puissent & leur soit loisible prendre, & cueillir, & lever par leurs Receveurs ou Commis, & faire prendre, cueillir & lever sur eux & chacun d'eux, ledit Ayde & Appetissement de la dixiesme Partie du Vin vendu en détail en ladite Ville, Marché & Fauxbourgs de Meaux, tout ainsy qu'ils en ont bien & duement jouy & joissent encores de présent; pour les Deniers qui en proviendront durant ledit temps, estre convertis & employés ausdites Réparations, Fortiffications & Entretenemens de ladite Ville & Marché, & non ailleurs, à peine de nous en prendre à eux en leurs propres & privés Noms, & d'estre privés de l'effect & contenu en cesdites Présentes; pourveu toutesfois que la plus grande & saine partie desdits Habitans y ayent consenty ou consentent; que nos Deniers n'en soient retardés ou diminués, & que celuy ou ceux qui en ont faict & feront la Recepte & Distribution, seront tenus en rendre bon compte & reliqua en la forme acoustumée, asscavoir du passé, s'ils ne l'ont faict, avant que de jouir de l'effect de cesdites Présentes, & doresnavant de six ans en six ans; qu'ils seront tenus de rapporter de trois en trois en nôtre Conseil un Estat de l'employ qui en aura esté faict, duement vériffié par vousdits Trésoriers, pour veoir s'il n'en aura poinct esté faict de divertissement. Si Vous Mandons, & à chacun de vous très-expressement enjoignons, qu'en faisant jouir & user lesdits Exposans de nos présente Grâce, Continuation & Permission durant ledit temps, vous contraignez & faictes contraindre tous ceux qu'il appartiendra, au paiement dudit Octroy & Ayde, par toutes voyes deues & raisonnables, en tel cas requises, nonobstant Oppositions ou Appellations quelconques, pour lesquelles, & sans préjudice d'icelles, ne voulons estre differé. Car tel est nostre plaisir. Donné à Paris le quinziéme jour de Janvier, l'an de Grace mil six cens trente-trois, & de nostre Regne, le vingt-trois. Signé par le Roy en son Conseil, Thibault, & Scellé. au-dessous est écrit: Registrées en la Chambre des Comptes, Ouy le Procureur General du Roy, pour jouir par les Impetrans de l'effect & contenu en icelles, selon leur forme & teneur; à la charge d'en compter en la maniere accoustumée. Le vingt-quatriesme jour de Janvier mil six cens trente-trois. Signé, Gorlin. Et est encore écrit: Registrées en la Cour des Aydes, Ouy le Procureur General du Roy, pour jouir par les Impetrans du contenu en icelles, selon leur forme & teneur, pour le temps y mentionné, suivant & aux Charges portées par l'Arrest du jourd'huy. A Paris, le troisiesme Février mil six cens trente-trois. *Signé*,

BOUCHARD.

Extraict des Registres de la Cour des Aydes.

VEU PAR LA COUR les Lettres Patentes du Roy, données à Paris le quinziesme Janvier mil six cens trente-trois, signées par le Roy en son Conseil, Thibault, & scellées, obtenues par les Manans & Habitans de la Ville, Cité & Marché de Meaux, par lesquelles & pour les causes y contenues Sa Majesté leur a permis & accordé que pendant le temps de six années il leur soit permis & loisible, prendre, faire cueillir & lever l'Ayde & Appetissement de la dixiesme Partie du Vin vendu en destail en ladicte Ville, Marché & Faulxbourgs, pour les Deniers en provenans estre convertis & employés aux Reparations, Fortiffications & Entretenemens d'icelle Ville, & non ailleurs, à peine d'en respondre par eux en leurs privés noms, & d'estre privés de l'Effect d'icelles Lettres; à la charge d'en compter par le Receveur des Deniers commungs en la maniere accoustumée, comme plus au long le contiennent lesdictes Lettres. Requeste presentée à ladicte Cour par lesdicts Habitans, afin de l'Enregistrement d'icelles. Conclusions du Procureur General du Roy. Tout consideré. LA COUR a ordonné & ordonne lesdictes Lettres estre registrées au Greffe d'icelles, pour jouir par les Impetrans du contenu en icelles selon leur forme & teneur, pour le temps y mentionné, à la charge que les Deniers provenans desdictes levées, ne pourront estre employés à aultres Effects, que ceux portés par lesdictes Lettres, à peine d'en respondre par les Ordonnateurs en leurs propres & privés noms; à la charge d'apporter ou envoyer de trois ans en trois ans au Greffe de ladicte Cour ung Estat au vray de la Recepte & despence desdicts Deniers, à peine de privation dudict Octroy. Prononcé le troisiesme jour de Fevrier mil six cens trente-trois. *Signé* BOUCHAR.

3. Février 1633. Il n'est point fait mention sur cette Piece, qu'elle ayt été transcripte & registrée en la Chambre des Comptes.

LES PRESIDENS, TRESORIERS DE FRANCE, Generaux des Finances, & Grands-Voyers en la Generalité de Paris. Veu les Lettres Patentes du Roy, données à Paris le quinziesme jour de Janvier dernier, signées par le Roy en son Conseil, Thibault, & scellées, obtenues par les Manans & Habitans de la Ville de Meaux; par lesquelles Sa Majesté leur a permis & accordé de prendre, cueillir & lever pendant le temps de six années consecutives, à commancer du jour de l'expiration de leurs precedentes Lettres, l'Ayde & Appetissement de la dixiesme Partie du Vin vendu en détail en la Ville, Marché & Fauxbourgs dudit Meaux, à eux cy-devant continué par Sadite Majesté, pour les Deniers en provenans estre convertis & employés aux Reparations, Fortiffications & Entretenemens des Murailles, Tours, Portes, Poternes & Fossés de ladite Ville & Marché de Meaux, & non ailleurs, à peine d'en respondre par les Ordonnateurs en leurs propres & privés noms, à la charge d'en compter par ceux qui en feront la Recepte & Depence ainsy qu'il est accoustumé, comme le contiennent lesdites Lettres. Les precedentes dudict Octroy, & nos verifications sur icelles. Requeste presentée en ce Bureau à mesme fin, & tout consideré. Consentons, en tant qu'à nous est, l'Antherinement & accomplissement desdites Lettres Patentes dudit jour quinziesme Jan-

11. Mars 1633. Il n'est point fait mention sur cette Piece, qu'elle ayt été transcripte & registrée en la Chambre des Comptes.

vier dernier, lesquelles seront Registrées ès Registres de cette Generalité, pour jouir par les Impetrans de l'effect & contenu en icelles durant lesdites six années, qui finiront le dix-septiesme jour d'Aoust mil six cens trente-huit; à la charge d'employer les Deniers à ce à quoy ils sont destinés par lesdites Lettres, & non ailleurs, sur les peines y contenues, & de compter par le Receveur des Deniers commungs de ladite Ville de Meaux, de l'employ d'iceux Deniers pardevant Nous de trois en trois ans, ainsi qu'il est accoustumé. Faict au Bureau des Finances à Paris le unziesme jour de Mars mil six cens trente-trois. *Signé*, LE TEINIER, LE PREBTRE & LE COMTE, *Et plus bas*, par Mesdits Sieurs, SENCIER.

LOVIS XIII. 30 Juillet 1638.

LOUIS, Par la Grace de Dieu Roy de France & de Navarre, A nos Amés & Feaux Conseillers, les Gens de nos Comptes, Presidens & Tresoriers de France, & Generaux de nos Finances à Paris, Bailly de Meaux ou son Lieutenant, Salut. Nos Chers & bien Amés les Habitans de nôtre Ville, Cité & Marché de Meaux nous ont faict remonstrer que nos Predecesseurs Roys voullans recognoistre la fidelité & devotion qu'ils ont toujours eue au service de nôtre Estat, & leur donner moyen de faire & entretenir les grandes Reparations, Fortiffications & Emparemens des Murailles, Tours, Portes, Poternes & Fossés de ladite Ville, Cité & Marché, leur auroient conceddé & accordé de prendre & lever sur le dixiesme & Appetissement de la Mésure du Vin vendu & debité esdites Ville, Fauxbourgs & Marché dudit Meaux, durant le temps porté par les Lettres qui leur en ont esté expediées; suivant lesquelles Lettres & les nostres de continuation & confirmation dudit Octroy, verifiées ou besoin a esté, ils ont tousjours jouy dudit Droict jusques à present, que le temps porté par les dernieres, s'en va bien-tost expirer; Nous requerans, attendu qu'ils n'ont aucuns Deniers Patrimoniaux, & qu'ils ne peuvent aultrement satisfaire ausdites charges, qui sont très-grandes, il nous pleust leur continuer la mesme gratiffication, & leur pourveoir de nos Lettres à ce necessaires. NOUS à ces Causes, voullans bien & favorablement traicter les Exposans, pour les mesmes causes & considerations susdites, & de l'importance de ladite Ville; Avons, en continuant & renouvellant ledit Octroy, permis & accordé, & de nos Grace specialle, pleine Puissance, & Authorité Royalle par ces Presentes permettons & accordons aux Exposans, Voullons & nous plaist, que pendant le temps de six ans prochains venans & consecutifs, à commancer du jour que nôtre precedente expirera, ils puissent & leur soit loisible prendre, cueillir & lever par leurs Receveurs ou Commis, & faire prendre, cueillir & lever sur eux & chacun d'eux, ledit Aide & Appetissement de la dixiesme Partie du Vin vendu en détail en ladite Ville, Fauxbourgs & Marché de Meaux, tout ainsy qu'ils en ont bien & duement jouy, & jouissent encores de present, pour les deniers qui en proviendront durant ledit temps, estre convertis & employés ausdites Réparations, Fortiffications & Entretenemens de ladicte Ville & Marché, & non ailleurs, à peine de nous en prendre à eux en leurs propres

pres & privés Noms, & d'estre privés de l'effect & contenu en cesdictes Presentes ; pourveu toutesfois que la plus grande & saine Partie desdicts Habitans y ayent consenty ou consentent, que nos deniers n'en soient retardés ou diminués, & que celuy ou ceux qui en font ou feront la Recepte & Distribution, seront tenus en rendre bon compte & relliqua en la forme accoustumée, asscavoir du passé, s'ils ne l'ont faict, avant que de jouir de l'Effet de cesdictes Présentes, & doresnavant de trois ans en trois ans pardevant vous dits Tresoriers Generaux de France, & en fin desdicts six ans pardevant vous dits Gens de nos Comptes. Si vous mandons, & à chacun de vous très-expressement enjoignons, qu'en faisans jouir & user lesdicts Exposans de nos présentes Graces, Continuation & Permission durant ledit temps, vous contraignés ou faictes contraindre tous ceux qu'il appartiendra, au payement dudict Octroy & Aide, par toutes veoyes dues & raisonnables, en tel cas requises, nonobstant Oppositions ou Appellations quelconques, pour lesquelles & sans préjudice d'icelles, ne voullons estre differé. Car tel est nostre Plaisir. Donné à Chaliot, le trentiéme jour de Juillet, l'An de Grace mil six cens trente-huict, & de nostre Regne le vingt-neufviesme. Et scellé. Au dessous est écrit : Registrées en la Chambre des Comptes, ouy le Procureur General du Roy, pour jouir par les Impetrans de l'effect & contenu en icelles, selon leur forme & teneur, le vingt-uniesme jour de Juin mil six cens quarante. *Signé*, Bourlon. Et est encore écrit : Registrées au Greffe du Bailliage de Meaux, ouy le Procureur du Roy, pour jouir par les Impetrans du contenu esdites Lettres, le dix-neufviesme Juillet mil six cens quarante-ung. *Signé*, HENNIER.

Deuxiéme LIASSE, *sous un même Contre-Scel.*

CHARLES par la Grace de Dieu Roy de France, A tous Ceulx qui ces présentes Lettres verront, Salut. Nos Chers & bien Amés les Bourgeois, Manans & Habitans de nostre Ville & Marché de Meaulx, Nous ont faict dire & remonstrer que nos Prédécesseurs Roys, par leurs Lettres Patentes cy attachées soubs nostre Contre-Scel, pour leur donner moyen de faire & entretenir les Réparations, Fortiffications & Emparemens des Murailles, Tours, Portes, Portaulx, Fossés & aultres Affaires communs de ladicte Ville, & pour plusieurs aultres bonnes Causes & Considerations à ce mouvans, leur auroyent permis & octroyé de pouvoir avoir & prendre le Dixiesme & Appetissement de la Mésure du Vin vendu & distribué en détail en ladicte Ville Marché & Faulxbourgs de Meaulx durant certain temps, ainsy que plus amplement contiennent lesdictes Lettres, suivant lesquelles ils ont jouy dudict Octroy jusques à huy. Mais au moyen que le temps porté par lesdictes Lettres, est proche à expirer, & que cessant la continuation dudict Ayde & Octroy, ils ne sçauroient d'eulx-mesmes entretenir lesdictes Réparations, Fortiffications & Emparemens de ladicte Ville, ils nous ont très-humblement faict supplier & requerir leur continuer & prolonger ledict Octroy jusques à tel aultre

CHARLES IX
31. Mars 1561

temps qu'il nous plaira, & sur ce leur octroyer nos Lettres necessaires. A CES CAUSES, desirans ladicte Ville estre entretenue en bonne & deue Réparation, & attendu que oultre lesdictes Réparations, ils ont plusieurs aultres Charges à supporter, à iceulx Bourgeois, Manans & Habitans de nostredicte Ville & Marché de Meaulx avons, en leur continuant, renouvellant & de nouveau donnant ledict Octroy, permis & octroyé, & de nostre certaine Science, Grace special, plaine Puissance, & Auctorité Royal permettons & octroyons par ces Présentes, voulons & nous plaist que pendant & durant le temps de quatre ans prochains venans & consecutifs, à commancer du jour & datte de l'expiration du dernier Octroy, ils puissent & leur loyse prendre, cueillir & lever, & par leurs Receveurs ou Commis faire prendre, cueillir & lever sur eulx & chacun d'eulx, ledict Ayde & Appetissement, qui est la dixiesme Partie du Vin vendu en détail en ladicte Ville, Faulxbourgs & Marché de Meaulx, tout ainsy qu'ils ont bien & duement faict par cy-devant, & font encores aprésent, pour les Deniers qui en viendront & ysteront durant ledict temps, estre convertis & employés esdictes Réparations, Fortiffications, Emparemens & aultres Affaires communs d'icelle Ville & Marché, & non ailleurs, ny en aultre Effect, sur peine de nous en prendre à eulx en leurs propres & privés Noms, & d'estre à tousjours privés de l'Effect de cesdictes Présentes; pourveu touteffois que la plus grande & seyne Partie desdicts Bourgeois, Manans & Habitans se y soient consentis & consentent; que nos Deniers n'en soyent pour ce retardés ny aultrement diminués; que celuy ou ceulx qui en ont par cy-devant faict & feront par cy-après la Recepte & Distribution, seront tenus d'en rendre bon compte & relicqua en la Chambre de nos Comptes à Paris, c'est à sçavoir du passé, si faict ne l'ont, avant que jouyr de l'Effect de cesdictes Présentes, & doresnavaut d'an en an, & sans que pour l'Audition dudict Compte, en soyt prins aulcun Salaire. Si donnons en Mandement par ces mesmes Présentes à nos Amés & Féaulx les Gens de nosdicts Comptes, Conseiller & General Superintendant des Deniers communs, Dons & Octroys des Villes, de la Tresorerie & Generalité d'oultre Seyne & Yonne, Bailly dudict Meaulx, ou son Lieutenant, & à tous nos aultres Justiciers & Officiers qu'il appartiendra, & à chacun d'eulx, que faisant jouyr & user lesdicts Bourgeois, Manans & Habitans de nos présens Grace, Continuation, Permission & Octroy durant ledict temps, ils contraignent ou facent contraindre tous ceulx qu'il appartiendra, & qui pour ce feront à contraindre au payement dudict Ayde & Octroy, par toutes voyes & manieres deues & raisonnables, & accoustumées, & en tel cas requises, nonobstant Oppositions ou Appellations quelsconques, pour lesquelles ne voulons estre differé. Car tel est nostre Plaisir. En témoin de ce nous avons faict mettre nostre Scel à cesdictes Présentes. Donné à Fontainebleau le dernier jour de Mars, l'An de Grace mil cinq cens soixante avant Pasques, & de nostre Regne le premier; & sur le reply, *Signé*, par le Roy, Maistre Martin Fumée, Maistre des Requestes ordinaire de l'Hôtel, présent, le Roy. Et scellé.

GERMAIN BOURSIER, Conseiller du Roy nostre Sire, General Superintendant sur le Faict & Administration des Deniers communs, Patrimoniaulx, Dons & Octroys des Villes de la Tresorerie & Generalité establie à Paris: Veues par Nous les Lettres Patentes du Roy nostredict Seigneur données à Fontainebleau le dernier jour de Mars l'An mil cinq cens soixante avant Pasques, ausquelles ces Présentes sont atachées soubs nostre Signet; par lesquelles & pour les Causes y contenues, ledict Seigneur a voullu, donné, octroyé & continué de nouveau aux Bourgeois, Manans & Habitans de la Ville & Marché de Meaulx, que durant le temps & terme de quatre ans prochains venans & consecutifs, à commencer du jour & datte de l'expiration de leur dernier Octroy cy ataché, ils puissent & leur loyse prandre, cueillir & lever sur eulx & chacun d'eulx, ledict Ayde & Appetissement, qui est la dixiesme Partie du Vin vendu en détail en ladicte Ville, Faulxbourgs & Marché de Meaulx, tout ainsy qu'ils ont bien & duement faict cy-devant, pour les Deniers qui en viendront & yssront durant ledict temps, estre convertis & employés esdictes Réparations, Fortiffications, Emparemens, & aultres Affaires communs d'icelle Ville & Marché, & non ailleurs, ny en aultres Effects, sur peyne de s'en prandre à eulx en leurs propres & privés Noms, & d'estre privés de l'Effect de cesdictes Présentes; pourveu toutesfois que la plus grande & seyne Partie desdicts Bourgeois, Marchans & Habitans se soient ad ce consentis & consentent, & que les Deniers dudict Seigneur n'en soient pour ce retardés ny aulcunement diminués, que celluy ou ceulx qui ont par cy-devant faict & feront cy-après la Recepte & Distribution de ses Deniers, seront tenus d'en rendre bon compte & relicqua en la Chambre des Comptes à Paris, c'est asscavoir du passé, si faict ne l'ont, avant de joyr de l'Effect de cesdictes Présentes, & doresnavant d'an en an, & sans que pour l'Audition dudict compte en soit prins aulcun Sallaire, ainsy que plus à plain est contenu esdictes Lettres Patentes: Desquelles, en tant qu'à nous est, consentons l'entherinement selon leur forme & teneur. Donné à Paris, soubs nostre Signet, le quatriesme jour d'Apvril, l'An mil cinq cens soixante, avant Pasques. *Signé*, BOURSIER.

4. Avril 1561.

Il n'est point fait mention sur cette Piece, qu'elle ayt été transcripte & registrée en la Chambre des Comptes.

CHARLES IX.

5. Février 1566.

CHARLES Par la Grace de Dieu Roy de France, A nos Amés & Féaulx Conseillers les Gens de nos Comptes, Bailly de Meaulx ou son Lieutenant, & à chacun d'eulx, Salut & dilection. Nos Chers & bien Amés les Bourgeois, Manans & Habitans de nostre Ville & Marché de Meaulx nous ont faict dire & remonstrer, que nos Prédécesseurs Roys par leurs Lettres Patentes cy attachées soubs le Contre-Scel de nostre Chancellerie, pour leur donner moyen de faire & entretenir les Réparations, Fortiffications & Emparemens des Murailles, Tours, Portes, Portaulx, Fossés & aultres Affaires communs de ladicte Ville, & pour plusieurs aultres bonnes Causes & Considerations à ce les mouvans, leur auroient permis & octroyé de pouvoir avoir & prendre le Dixiesme & Appetissement de la Mésure du Vin vendu & distribué en destail en ladicte Ville, Faulxbourgs & Marché de Meaulx durant certain temps, ainsy que plus amplement contiennent lesdictes Lettres, suyvant lesquelles i's ont jouy dudit Octroy jusques à huy; mais au moyen que le temps porté par lesdictes Lettres est proche à expirer, & que cessant la Continuation dudict Ayde & Octroy, ils ne sçauroient d'eulx-mesmes entretenir lesdictes Réparations, Fortiffications & Emparemens de ladicte Ville, ils nous ont très-humblement faict supplier & requerir leur continuer & prolonger ledit Octroy jusques à tel aultre temps qu'il nous plaira, & sur ce leur octroyer leurs Lettres necessaires. A ces Causes, desirans ladicte Ville estre entretenue en bonne & deue Réparation, & attendu que oultre lesdictes Réparations, ils ont plusieurs aultres charges à supporter, A iceulx Bourgeois, Manans & Habitans de nostredicte Ville & Marché de Meaulx, Avons, en leur continuant, renouvellant, & de nouveau donnant ledit Octroy, permis & octroyé, & de nos certaine Science, Grace special, plaine Puissance, & Auctorité Royal, permettons & octroyons par ces Présentes, voulons & nous plaist que pendant & durant le temps de quatre ans, prochains venans & consecutifs, à commencer du jour & datte de l'expiration du dernier Octroy, ils puissent & leur loyse prendre, cueillir & lever, & par leurs Receveurs & Commis faire prendre, cueillir & lever sur eulx & chacun d'eulx ledict Ayde & Appetissement, qui est la dixiesme Partie du Vin vendu en destail en ladicte Ville, Faulxbourgs & Marché de Meaulx, tout ainsy qu'ils ont bien & duement faict par cy-devant, & font encores aprésent; pour les Deniers qui en viendront & ysteront durant ledict temps, estre convertis & employés esdictes Réparations, Fortifications, Emparemens & aultres Affaires communs d'icelle Ville & Marché, & non ailleurs, ny en aultre Effect, sur peine de nous en prendre à eulx en leurs propres & privés Noms, & d'estre à tousjours privés de l'Effect de cesdictes Présentes; pourveu touteffois que la plus grande & seyne Partie desdicts Bourgeois, Manans & Habitans se y soient consentis & consentent, que nos Deniers n'en soient pour ce retardés, ne aucunement diminués, que celluy ou ceulx qui en ont par cy-devant faict & feront par cy-après la Recepte & Distribution, seront tenus d'en rendre bon compte & reliqua en la Chambre de nosdicts Comptes à Paris, c'est assavoir du passé, si faict ne l'ont, avant que jouyr de l'Effect de cesdictes Présentes, & doresnavant de deux ans en deux ans, sans que pour l'Audition dudict Compte en soit pris aucun Sallaire. Si vous mandons, & à chacun de vous commettons & enjoignons très-expressement, que faisant jouyr & user lesdicts Bourgeois, Manans & Habitans de nos présens Grace, Continuation, Permission & Octroy durant ledict temps, vous contraignez & faictes contraindre tous ceulx qu'il appartiendra, & pour ce feront à contraindre, au payement dudict Don, Ayde & Octroy, par toutes voyes & manieres deues & raisonnables, accoustumées & en tel cas requises, nonobstant Oppositions ou Appellations queiconques, pour lesquelles ne voulons estre differé. Car tel est nostre Plaisir, nonobstant comme dessus, & quelconques Ecdits, Ordonnances, Restrinctions, Mandemens, Defenses & Lettres à ce contraires. Donné à Molins le cinquiesme jour de Février, l'An de Grace mil cinq cens soixante-six, & de nostre Regne le sixiesme. *Signé* par le Roy en son Conseil, BONAUD, & scellé.

LES GENS DES COMPTES DU ROY nostre Sire. Veues les Lettres Patentes dudict Seigneur, données à Molins le cinquiesme jour du présent moys, signées par le Roy, en son Conseil, Bonaud, ausquelles ces Présentes sont attachées soubs l'ung de nos Signets, obtenues & à Nous présentées de la part des Bourgeois, Manans & Habitans de la Ville & Marché de Meaulx; par lesquelles, & pour les Causes y contenues, ledict Sieur continue, renouvelle & de nouveau donne, permet & octroye ausdicts Impetrans, que pendant & durant le temps de quatre ans, prochains venans & consecutifs, à commancer du jour & datte de l'expiration de leur dernier Octroy, ils puissent & leur loyse prendre, cueillir & lever, & par leurs Receveurs & Commis faire prendre, cueillir & lever sur eulx & chacun d'eulx l'Ayde & Appetissement à eulx cy-devant octroyé, tant par ses Prédecesseurs, que par luy, qui est la dixieme Partie du Vin vendu en destail en ladicte Ville, Faulxbourgs & Marché de Meaulx, tout ainsy qu'ils ont bien & duement faict par cy-devant & font encores à présent; pour les Deniers qui en viendront & ysteront durant ledit temps, estre convertis & employés ès Réparations, Fortiffications & Emparemens des Murailles, Tours, Portes, Portaulx, Fossés, & aultres Affaires communs de ladicte Ville & Marché, & non ailleurs, ne aultre effect, sur peine de s'en prendre à eulx en leurs propres & privés Noms, & d'estre à tousjours privés de l'Effect desdictes Lettres; pourveu toutesfois que la plus grande & seyne Partie desdicts Bourgeois, Manans & Habitans se y soient consentis & consentent, & que les Deniers dudict Sieur n'en soient pour ce retardés, ne aulcunement diminués, que celluy ou ceulx qui en ont par cy-devant faict & feront cy-après la Recepte & Distribution, seront tenus d'en rendre bon compte & reliqua pardevant Nous, c'est assavoir du passé, si faict ne l'ont, avant que jouir de l'effect d'icelles, & doresnavant de deux ans, sans que pour l'Audition dudict Compte en soit pris aucun Sallaire, ainsy que plus au long lesdictes Lettres Patentes le contiennent. Veu aussi aultres Lettres Patentes dudict Sieur, données à Fontainebleau le dernier jour de Mars mil cinq cens soixante, avant Pasques, par luy cy-devant octroyées ausdicts Impetrans, contenans pareil Octroy pour semblable temps & terme de quatre ans. Certain Acte judiciairement faict en l'Hostel & Chambre Commune de ladicte Ville, en la présence des Advocat & Procureur dudict Sieur en icelle, pardevant le Lieutenant General du Bailliage & Siege Présidial de ladicte Ville le neufiesme jour de Janvier précedent la datte desdictes premieres Lettres ausly dernier passé, par lequel nous est apparu du consentement de la plus grande & seyne Partie desdicts Habitans. Les Comptes des Deniers d'Octroy de ladicte Ville de Meaulx, rendus par le Receveur d'iceulx jusques en l'année mil cinq cens soixante-cinq. La Requeste à Nous présentée par lesdicts Impetrans, tendant afin de vérification d'icelles Lettres. Conclusions du Procu- 23. Février 1566.

teur Général dudict Sieur esdicts Comptes, auquel le tout a esté communicqué, & tout consideré. CONSENTONS l'Enterinement desdictes Lettres. Donné soubs nosdicts Signets, le vingt-troisiesme jour de Février, l'an mil six cens soixante-six, suivant l'Ecdict.

Signé, DE BANGY.

CHARLES IX.

25. Janvier 1570.

CHARLES Par la Grace de Dieu Roy de France, A nos Amés & Feaulx Conseillers, les Gens de nos Comptes à Paris, Bailly de Meaulx ou son Lieutenant & chascun d'eulx, Salut & dilection. Nos Chers & bien Amés les Bourgeois, Manans & Habitans de nostre Ville & Marché de Meaulx, nous ont faict dire & remonstrer que nos Prédecesseurs Rois, par leurs Lettres Patentes cy-attachées soubs le Contre-Scel de nostre Chancellerie, pour leur donner moien de faire & entretenir les Réparations, Fortiffications & Emparemens des Murailles, Tours, Portes, Portaulx, Fossés & aultres Affaires commungs de ladicte Ville, & pour plusieurs aultres bonnes Causes & Considerations à ce les mouvans, leur auroient permis & octroié de pouvoir avoir & prendre le Dixiesme & Appetissement de la Mésure du Vin vendu & distribué en détail en ladicte Ville, Faulxbourgs & Marché de Meaulx durant certain temps, ainsy que plus amplement contiennent lesdictes Lettres, suyvant lesquelles ils ont jouy dudict Octroy jusques à huy. Mais au moien que le temps porté par lesdictes Lettres est proche à expirer, & que cessant la continuation dudict Aide & Octroy, ils ne sçauroient d'eulx-mesmes entretenir lesdictes Réparations, & Fortiffications, & Emparemens de ladicte Ville, ils nous ont très-humblement faict supplier & requerir leur continuer & prolonger ledict Octroy, jusques à tel aultre temps qu'il nous plaira, & sur ce leur octroier leurs Lettres necessaires. NOUS à ces Causes, desirans ladicte Ville estre entretenue en bonne & deue Reparation; & attendu que oultre lesdictes Réparations, ils ont plusieurs aultres charges à supporter; à iceulx Bourgeois, Manans & Habitans de nostredicte Ville & Marché de Meaulx, Avons, en leur continuant, renouvellant & de nouveau donnant ledict Octroy, permis & octroié, & de nos certaine Science, Grace special, plaine Puissance, & Auctorité Royal, permettons & octroions par ces Présentes, voullons & nous plaist, que pendant & durant le temps de quatre ans, prochains venans & consecutifs, à commancer du jour & datte de l'expiration du dernier Octroy, ils puissent & leur loise prendre, cueillir & lever, & par leurs Receveurs & Commis faire prendre, cueillir & lever sur eulx & chacun d'eulx ledict Aide & Appetissement, qui est la dixiesme Partie du Vin vendu en détail en ladicte Ville, Faulxbourgs & Marché de Meaulx, tout ainsy qu'ils ont par ci-devant bien & duement faict & font encores aprésent; pour les Deniers qui en viendront & ystront durant ledict temps, estre convertis & employés esdictes Réparations, Fortiffications, Emparemens & aultres Affaires commungs de ladicte Ville & Marché, & non ailleurs, ny en aultre Effect, sur peine de nous en prendre à eulx en leurs propres & privés Noms, & d'estre à tousjours privés de l'Effect de cesdictes Présentes;

pourveu toutesfois que la plus grande & feyne Partie desdicts Bourgeois, Manans & Habitans se y soient consentis & consentent; que nos Deniers n'en soient pour ce retardés ne aucunement diminués; que celluy ou ceulx qui en ont par ci-devant faict, & feront par cy-après la Recepte & Distribution, seront tenus d'en rendre bon compte & reliqua, en la Chambre de nosdicts Comptes à Paris; c'est assavoir du passé, si faict ne l'ont, avant que jouyr de l'Effect de cesdictes Présentes, & doresnavant de deux ans en deux ans, sans que pour l'Audition dudict Compte en soict pris aucun Sallaire. Si vous mandons, & à chascun de vous commettons & enjoignons trés-expressement, que faisans jouyr & user lesdicts Bourgeois, Manans & Habitans de nos presens Grace, Continuation, Permission & Octroy durant ledict temps, vous contraignez & faictes contraindre tous ceulx qu'il appartiendra, & pour ce feront à contraindre, au payement dudict Don, Aide & Octroy, par toutes voyes & manieres deues & raisonnables, accoustumées & en tel cas requises, nonobstant Oppositions ou Appellations quelsconques, pour lesquelles ne voullons estre differé. Car tel est nostre Plaisir, nonobstant comme dessus, & quelsconques, Ecdicts, Ordonnances, Restrinctions, Mandemens, Deffences & Lettres à ce contraires. Donné à Paris, le vingt-cinquiesme jour de Janvier, l'An de Grace mil cinq cens soixante-dix, & de nostre Regne le dixiesme. *Signé* par le Roy en son Conseil estably à Paris, près Monseigneur le Duc, THIELEMENT, & scellé.

CHARLES IX. 5. Novembre 1570.

CHARLES Par la Grace de Dieu Roy de France, A nos Amés & Féaulx, les Gens de nos Comptes à Paris, Bailly de Meaux ou son Lieutenant, & à chacun d'eulx, Salut & dilection. Pour ce que vous pourriez faire quelque reffus ou difficulté vériffier les Lettres Patentes de Continuation d'Octroy cy-attachées soubs nostre Contre-Scel, obtenues par nos Chers & bien Amés les Bourgeois, Manans & Habitans de nostre Ville de Meaulx, en nostre Conseil estably audict Paris près nostre très-Cher & très-Amé Frere le Duc d'Allençon, soubs prétexte seulement que lesdictes Lettres ne sont scellées de nostre Grand Sceau, & que nous desirons icelles Lettres sortent leur plain & entier Effect. A CES CAUSES, vous Mandons, Commettons, & très-expressement enjoignons par ces Présentes, que cessans lesdictes difficultés, vous aiez à procedder à l'Entherinement & vérification desdictes Lettres, & de leur contenu faire joir & user lesdicts Supplians plainement & paisiblement, ainsy que par icelles est porté & vous est mandé faire, & que feriez ou faire pourriez, si elles avoient esté, ou étoient scellées de nostredict Grand Sceau, dont, en tant que besoins seront, Nous les en avons relevés & relevons de Grace special par cesdictes Présentes. Car tel est nostre Plaisir. Donné à Saint Germain-des-Prez, le cinquiesme jour de Novembre, l'An de Grace mil cinq cens soixante-dix, & de nostre Regne le dixiesme. *Signé* par le Roy en son Conseil, THIELEMENT, & Scellé.

18. Novembre 1570.

VEU PAR LA CHAMBRE les Lettres Patentes du Roy, données à Paris le vingt-cinquiesme jour de Janvier dernier passé, signées par le

Roy en son Conseil estably à Paris prés Monseigneur le Duc, Thielement, obtenues & à elle présentées de la part des Bourgeois, Manans & Habitans de la Ville & Marché de Meaulx ; par lesquelles & pour les considerations y contenues, ledict Sieur leur a de nouveau renouvellé, continué, permis & octroié, que pendant & durant le temps de quatre ans prochains venans & consecutifs, à commencer du jour & datte de l'expiration du dernier Octroy, ils puissent & leur loyse prendre, cueillir & lever, & par leurs Receveurs & Commis faire prendre, cueillir & lever sur eulx & chacun d'eulx, l'Aide & Appetissement qui est la dixiesme Partie du Vin vendu en détail en ladicte Ville, Faulxbourgs & Marché de Meaulx, tout ainsy qu'ils ont par cy-devant bien & duement faict & font encores aprésent ; pour les Deniers qui en viendront & ystront durant ledict temps, estre convertis & employés ès Réparations, Fortiffications, Emparemens & aultres Affaires commungs de ladicte Ville & Marché & non ailleurs, ny en aultre Effect, sur peyne de s'en prendre à eulx en leurs propres & privés Noms, & d'estre a tousjours privés de l'Effect desdictes Lettres ; pourveu toutteffois que la plus grande & saine Partie desdits Bourgeois, Manans & Habitans se y soient consentis & consentent ; que les Deniers dudict Sieur n'en soient pour ce retardés ne aulcunement diminués, que celuy ou ceulx qui en ont par cy-devant faict, & feront par cy-après la Recepte & Distribution, seront tenus d'en rendre bon compte & reliqua en ladicte Chambre, c'est asscavoir du passé, si faict ne l'ont, avant que joyr de l'Effect desdictes Lettres, & doresnavant de deux ans en deux ans, sans que pour l'Audition dudict Compte en soit prins aulcun sallaire, comme plus au long le contiennent lesdictes Lettres. Le Consentement des Marchans & Bourgeois de ladicte Ville de Meaulx, representant la plus grande & saine Partie des Manans & Habitans d'icelle du vingt-huitieme dudict mois de Janvier. Aultres Lettres Patentes dudict Sieur données à Saint Germain-des-Prez le cinquieme jour de Novembre aussi dernier passé, par lesquelles est mandé à ladicte Chambre proceder à l'Enterinement & vérification des Precedentes selon leur forme & teneur, & tout ainsy qu'elle eust faict ou peu faire, si elles eussent esté ou estoient scellées du Grand Sceau de Sa Majesté, dont en tant que besoing seroit, il releve lesdits Bourgeois, Manans & Habitans de Meaulx. La Requeste à ceste fin par eulx presentée à ladicte Chambre. Conclusions du Procureur General du Roy, auquel le tout a esté communicqué. Tout consideré. LA CHAMBRE en enterinant lesdictes Lettres, a ordonné & ordonne que lesdicts Impetrans joiront de l'effect & contenu en icelles. Faict le vingt-huitiéme jour de Novembre, l'An mil cinq cens soixante-dix. Au-dessous est écrit : Extraict des Registres de la Chambre des Comptes. *Signé* LE GRANT.

CHARLES IX.
4. Janvier 1574.

CHARLES Par la Grace de Dieu Roy de France, A nos Amés & Feaulx Conseillers, les Gens de nos Comptes à Paris, Bailly de Meaulx ou son Lieutenant, & chacun d'eulx, Salut & dilection. Nos Chers & bien Amés les Bourgeois, Manans & Habitans de nostre Ville

& Marché

& Marché de Meaulx, nous ont faict remonstrer que nos Prédécesseurs Roys & Nous, par nos Lettres Patentes cy-attachées soubs nostre Contre-Scel, pour leur donner moien de faire & entretenir les Réparations, Fortiffications & Emparemens des Murailles, Tours, Portes, Portaulx, Fossés & autres Affaires commungs de ladicte Ville, & pour plusieurs autres bonnes considerations à ce les mouvans, leur auroient permis & octroyé de pouvoir avoir & prendre le Dixiesme & Appetissement de la Mésure du Vin vendu & distribué en détail en ladicte Ville, & Faulxbourgs, & Marché de Meaulx, durant certain temps, ainsy que plus amplement contiennent lesdictes Lettres, suyvant lesquelles ils ont jouy dudict Octroy jusques à huy; mais au moien que le temps porté par lesdictes Lettres est proche à expirer, & que cessant la continuation dudict Aide & Octroy, ils ne scauroient d'eulx-mesmes entretenir lesdictes Réparations, Fortiffications & Emparemens de ladicte Ville, ils Nous ont très-humblement faict supplier & requerir leur continuer & prolonger ledict Octroy jusques à tel aultre temps qu'il nous plaira, & sur ce leur octroier leurs Lettres necessaires. NOUS à ces Causes, désirans ladicte Ville estre entretenue en bonne & deue Réparation, & attendu que oultre lesdictes Réparations, ils ont plusieurs aultres charges à supporter, à iceulx Bourgeois, Manans & Habitans de nostredicte Ville & Marché de Meaulx, Avons, en leur continuant, renouvellant, & de nouveau donnant ledict Octroy, permis & octroié, & de nos certaine Science, Grace special, plaine Puissance, & auctorité Royal, permettons & octroions par ces Présentes, voulons & nous plaist, que pendant & durant le temps de quatre ans prochains venans & consecutifs, à commancer du jour & datte de l'expiration du dernier Octroy, ils puissent & leur loise prendre, cueillir & lever, & par leurs Receveurs & Commis faire prendre cueillir & lever sur eulx & chacun d'eulx, ledict Aide & Appetissement, qui est la dixiesme Partie du Vin vendu en détail en ladicte Ville, Faulxbourgs & Marché de Meaulx, tout ainsi qu'ils ont par ci-devant bien & duement faict, & font encores apresent; pour les Deniers qui en viendront & ystront durant ledict temps, estre convertis & employés esdictes Réparations, Fortiffications, Emparemens & aultres Affaires commungs de ladicte Ville & Marché, & non ailleurs, ny en aultre Effect, sur peine de nous en prendre à eulx en leurs propres & privés Noms, & d'estre a tousjours privés de l'Effect de cesdictes Présentes, pourveu toutesfois que la plus grande & seyne Partie desdicts Bourgeois, Manans & Habitans se y soient consentis & consentent; que nos Deniers n'en soient retardés pour ce, ne aulcunement diminués; que celluy ou ceulx qui en ont par ci-devant faict & feront par cy-après la Recepte & Distribution, seront tenus d'en rendre bon compte & relicqua en la Chambre de nosdicts Comptes à Paris, c'est assavoir du passé, si faict ne l'ont, avant que jouyr de l'Effect de cesdictes Présentes, & doresnavant de deux ans en deux ans, sans que pour l'Audition dudict Compte en soit pris aulcun sallaire. Si Vous Mandons, & à chacun de vous commettons, & enjoignons très-expressement, que faisant jouyr & user lesdicts Bourgeois, Manans & Habitans de nos présens Grace, Continuation, Permission & Octroy durant ledict temps, Vous contraignez & faictes contraindre tous ceulx qu'il appartiendra, & pour ce feront à contraindre au paiement dudict Don, Aide & Octroy par toutes voyes & manieres deues & raisonnables, accoustumées & en tel cas requises, nonobstant Oppositions ou Appellations quelsconques, pour lesquelles ne voulons estre differé. Car tel est nostre Plaisir, nonobstant comme dessus, & quelsconques Ecdicts, Ordonnances, Restrinctions, Mandemens, Deffences, & Lettres à ce contraires. Donné à Saint Germain-en-Laye le quatriesme jour de Janvier, l'An de Grace mil cinq cens soixante-quatorze, & de nostre Regne le quatorziesme. *Signé* Par le Roy en son Conseil, THIELEMENT, & scellé.

20. Mars 1574. VEU PAR LA CHAMBRE les Lettres Patentes du Roy, données à Saint Germain-en-Laye le quatriesme jour de Janvier dernier passé, signé par le Roy en son Conseil, Thielement, obtenues & à elle presentées de la part des Bourgeois, Manans & Habitans de la Ville & Marché de Meaulx, par lesquelles & pour les considerations y contenues, ledict Seigneur leur a de nouveau renouvellé, continué, permis & octroié, que pendant & durant le temps de quatre ans prochains venans & consecutifs, à commencer du jour & datte de l'expiration du dernier Octroy, ils puissent & leur loise prendre, cueillir & lever, & par leurs Réceveurs & Commis faire prendre cueillir & lever sur eulx & chacun d'eulx l'Ayde & Appetissement qui est la dixiesme Partie du Vin vendu en détail en ladicte Ville, Faulxbourgs & Marché de Meaulx, tout ainsy qu'ils ont par cy-devant bien & duement faict, & font encores à present; pour les Deniers qui en proviendront & ystront durant ledict temps, estre convertis & employés ès Réparations, Fortiffications, Emparemens & aultres Affaires commungs de ladicte Ville & Marché, & non ailleurs, ny en aultre Effect, sur peine de s'en prendre à eulx en leurs propres & privés Noms, & d'estre à tousjours privés de l'Effect desdictes Lettres; pourveu toutesfois que la plus grande & saine partie desdicts Bourgeois, Manans & Habitans se y soient consentis & consentent; que les deniers dudit Seigneur n'en soient pour ce retardés, ne aucunement diminués; que celuy ou ceulx qui en ont par cy-devant faict, & feront par cy-après la Recepte & Distribution, seront tenus d'en rendre bon compte & relicqua en ladicte Chambre, c'est assavoir du passé, si faict ne l'ont, avant que joir de l'Effect desdictes Lettres, & doresnavant de deux ans en deux ans, sans que pour l'Audition dudict compte en soit prins aucuns salaire, comme plus au long le contiennent lesdictes Lettres. La Requeste presentée à ladicte Chambre par lesdicts Impetrans, tendant à fin de vérification desdictes Lettres. Conclusions du Procureur General du Roy, auquel le tout a esté communicqué. Tout consideré. LA CHAMBRE consent l'Entherinement & vériffication desdictes Lettres selon leur forme & teneur. Faict le vingtiéme jour de Mars, l'an mil cinq cens soixante-quatorze. Au dessous est écrit: Extraict des Registres de la Chambre des Comptes. Ainsi *Signé*,

DE LA FONTAINE.

HENRY, Par la Grace de Dieu Roy de France & de Pologne, à nos Amés & Féaulx Conseillers, les Gens de nos Comptes, & Generaulx de nos Finances à Paris, Bailly de Meaulx ou son Lieutenant, & à chacun d'eulx, Salut & dilection. Nos chers & bien Amés les Bourgeois, Manans & Habitans de nostre Ville & Marché de Meaulx, nous ont faict remonstrer que nos Prédécesseurs Roys, par leurs Lettres Patentes cy-attachées soubs nostre Contre-Scel, pour leur donner moyen de faire & entretenir les Réparations, Fortiffications & Emparemens des Murailles, Tours, Portes, Portaulx, Fossés & aultres Affaires communs de ladicte Ville, & pour plusieurs aultres bonnes considerations à ce les mouvans, leur auroient permis & octroyé de pouvoir avoir & prendre le Dixiesme & Appetissement de la Mésure du Vin vendu & distribué en détail en ladicte Ville, Faulxbourgs & Marché de Meaulx durant certain temps, ainsy que plus amplement le contiennent lesdictes Lettres, suyvant lesquelles ils ont jouy dudict Octroy jusques à huy. Mais au moyen que le temps porté par lesdictes Lettres est proche à expirer, & que cessant la continuation dudict Ayde & Octroy, ils ne sçauroient d'eulx-mesmes entretenir lesdictes Réparations, Fortiffications & Emparemens de ladicte Ville, ils nous ont très-humblement faict supplier & requerir leur continuer & prolonger ledict Octroy jusques à tel aultre temps qu'il nous plaira, & sur ce leur octroyer nos Lettres sur ce necessaires. NOUS à ces Causes, desirans ladicte Ville estre entretenue en bonne & deue Réparation, & attendu que oultre lesdictes Reparations, ils ont plusieurs aultres charges à supporter, à iceulx Bourgeois, Manans & Habitans de nostredicte Ville & Marché de Meaulx, avons, en leur continuant, renouvellant, & de nouveau donnant ledict Octroy, permis & octroyé, & de nos certaine Science, Grace special, plaine Puissance & Authorité Royal, Permettons & octroyons par ces Présentes, Voulons & nous plaist, que pendant & durant le temps de quatre ans prochains venans & consecutifs, à commancer du jour & datte de l'expiration de leur dernier Octroy, ils puissent & leur loise prendre, cueillir & lever, & par leurs Receveurs & Commis faire prendre, cueillir & lever sur eulx & chacun d'eulx, ledict Ayde & Appetissement, qui est la dixiesme Partie du Vin vendu en détail en ladicte Ville, Faulxbourgs & Marché de Meaulx, tout ainsy qu'ils ont cy-devant bien & duement faict, & font encores à present; pour les Deniers qui en viendront durant ledict temps, estre convertis & employés esdictes Réparations, Fortiffications, Emparemens & aultres Affaires communs de ladicte Ville & Marché, & non ailleurs, n'y en aultres Effects, sur peine de nous en prendre à eulx en leurs propres & privés Noms, & d'estre à tousjours privés de l'effect & contenu de cesdictes Présentes: pourveu toutesfois que la plus grande & seine Partie desdicts Bourgeois, Manans & Habitans se y soient consentis & consentent; que nos Deniers n'en soient pour ce retardés, ne aulcunement diminués, & que celluy ou ceulx qui en ont cy-devant faict & feront par cy-après la Recepte & Distribution, seront tenus d'en rendre bon compte & relicqua devant vous Gens de nosdicts Comptes, c'est asscavoir du passé, si faict ne

HENRY

19. Noveml 1577.

l'ont, avant que jouyr de l'Effect de cesdictes Présentes, & doresnavant de deux ans en deux ans, sans que pour l'Audition dudict compte en soit prins aulcun sallaire. Si vous mandons, & à chacun de vous commettons & enjoignons très-expressement, qu'en faisant joyr & user lesdicts Bourgeois, Manans & Habitans de nos presens Grace, Continuation, Provision & Octroy durant ledict temps, vous contraignez ou faictes contraindre tous ceulx qu'il appartiendra, & pour ce feront à contraindre au payement dudict Don, Ayde & Octroy, par toutes voyes & manieres deues & raisonnables, en tel cas requises, nonobstant Oppositions ou Appellations quelsconques, pour lesquelles ne voulons estre differé. Car tel est nostre Plaisir, nonobstant comme dessus, & quelsconques Eedicts, Ordonnances, Restrinctions, Mandemens, Deffences & Lettres à ce contraires. Donné à Paris, le dix-neuviesme jour de Novembre, l'An de Grace mil cinq cens soixante-dix-sept, & de nostre Regne le quatriesme. *Signé* par le Roy en son Conseil, THIELEMENT, & Scellé.

18. Décembre 1577. VEU PAR LA CHAMBRE les Lettres Patentes du Roy, données à Paris le dix-neufiéme jour de Novembre dernier passé; signées par le Roy en son Conseil, Thielement; par lesquelles & pour les Causes y contenues, ledict Seigneur continue, renouvelle & de nouveau permect & octroye aux Bourgeois, Manans & Habitans de la Ville & Marché de Meaulx, Impetrans d'icelles, veult & luy plaist que pendant & durant le temps de quatre ans prochains venans & consecutifs, à commancer du jour & datte de leur dernier Octroy, ils puissent & leur loise prendre, cueillir & lever, & par leurs Receveurs & Commis faire prendre cueillir & lever sur eulx & chacun d'eulx, l'Ayde & Appetissement, qui est la dixiéme Partie, du Vin vendu en détail en ladicte Ville, Faulxbourgs & Marché de Meaulx, tout ainsy qu'ils ont cy-devant bien & duement faict & font encore à present; pour les Deniers qui en viendront durant ledict temps, estre convertis & employés ès Réparations, Fortiffications, Emparemens & aultres Affaires commungs d'icelle Ville & Marché, & non ailleurs, ny en aultres Effects, sur peine de s'en prendre à eulx en leurs propres & privés Noms, & d'estre à tousjours privés de l'effect & contenu desdictes Lettres : pourveu toutesfois que la plus grande & seine Partie desdicts Bourgeois, Manans & Habitans se y soient consentis & consentent; que les Deniers dudict Seigneur n'en soient pour ce retardés, ne aulcunement diminués; & que celuy ou ceulx qui en ont cy-devant faict & feront par cy-après la Recepte & Distribution, seront tenus d'en rendre bon compte & reliqua en ladicte Chambre, c'est assavoir du passé, si faict ne l'ont, avant que de jouir de l'Effect desdictes Lettres, & doresnavant de deux ans en deux ans, sans que pour l'Audition dudict compte en soit pris aulcun sallaire, ainsi qu'il est contenu esdictes Lettres. La Requeste presentée à ladicte Chambre par lesdicts Impetrans, tendant à fin de verification d'icelles. Conclusions du Procureur General dudict Seigneur, auquel elles ont esté communicquées. Tout consideré. LA CHAMBRE consent l'Entherinement desdictes Lettres, pour estre les Deniers dudict

Octroy employés aux Réparations & Emparemens de la Ville & Marché dudict Meaulx, & non ailleurs. Faict le dix-huitiéme jour de Decembre l'An mil cinq cens soixante-dix-sept. Au dessous est écrit : Extraict des Registres de la Chambre des Comptes. *Signé*, DANE'S.

HENRY III. 13. Décembre 1581.

HENRY, Par la Grace de Dieu Roy de France & de Pologne, A nos Amés & Féaulx Conseillers les Gens de nos Comptes, Trésoriers Generaulx de France au Bureau de nos Finances estably à Paris, Bailly de Meaulx ou son Lieutenant, & à chacun d'eulx qu'il appartiendra, Salut & dilection. Nos Chers & bien Amés les Bourgeois, Manans & Habitans de nostre Ville & Marché de Meaulx, nous ont faict remonstrer que nos Prédécesseurs Roys, & Nous depuis nostre Advenement à la Couronne, par nos Lettres Patentes cy-attachées soubs nostre Contre-Scel, pour leur donner moyen de faire & entretenir les Réparations, Fortiffications & Emparemens des Murailles, Tours, Portes, Portaulx, Fossés & aultres Affaires communs de ladicte Ville, & pour plusieurs aultres bonnes considerations à ce nous mouvans, leur aurions permis & octroyé de pouvoir avoir & prendre le Dixiesme & Appetissement de la Mésure du Vin vendu & distribué en destail en ladicte Ville, Faulxbourgs & Marché de Meaulx, durant certain temps, ainsy que plus amplement le contiennent lesdictes Lettres, suyvant lesquelles ils ont jouy dudict Octroy jusques à huy. Mais au moyen que le temps porté par lesdictes Lettres, est expiré ou proche à expirer, & que cessant la continuation dudict Ayde & Octroy, ils ne sçauroient d'eulx-mesmes entretenir lesdictes Réparations, Fortiffications & Emparemens de ladicte Ville, ils nous ont très-humblement faict supplier & requerir leur continuer & prolonger ledict Octroy jusques à tel aultre temps qu'il nous plaira, & sur ce leur octroyer nos Lettres à ce necessaires. NOUS à ces Causes, desirans ladicte Ville estre entretenue en bonne & deüe Réparation, & attendu que oultre lesdictes Réparations, ils ont plusieurs aultres charges à supporter, à iceulx Bourgeois, Manans & Habitans de notredicte Ville & Marché de Meaulx, Avons, en leur continuant, renouvellant, & de nouveau donnant ledict Octroy, permis & octroyé, & de nos certaine Science, Grace special, plaine Puissance, & Authorité Royal permettons & octroyons par ces Présentes, Voulons & nous plaist, que pendant & durant le temps de trois ans prochains venans & consecutifs, à commancer du jour & datte de l'expiration de leur dernier Octroy, ils puissent & leur loise prendre, cueillir & lever, & par leurs Receveurs & Commis faire prendre, cueillir & lever sur eulx & chacun d'eulx ledict Ayde & Appetissement, qui est la dixiesme Partie du Vin vendu en destail en ladicte Ville, Faulxbourgs & Marché de Meaulx, tout ainsy qu'ils ont cy-devant bien & duement faict & font encores à present ; pour les Deniers qui en viendront durant ledict temps, estre convertis & employés esdictes Réparations, Fortiffications, Emparemens & aultres Affaires communs de ladicte Ville & Marché, & non ailleurs, ny en aultres Effects, sur peine de nous en prendre à eulx en leurs propres & privés Noms,

& d'estre à tousjours privés de l'effect & contenu en cesdictes Présentes: pourveu toutesfois que la plus grande & seine partie desdicts Bourgeois, Manans & Habitans se y soient consentis & consentent; que nos Deniers n'en soient pour ce aulcunement retardés ny diminués, & que celluy ou ceulx qui en ont cy-devant faict & feront cy-après la Recepte & Distribution, seront tenus d'en rendre bon compte & relicqua devant vous Gens de nosdicts Comptes, c'est assçavoir du passé, si faict ne l'ont, avant que joyr de l'Effect de cesdictes Présentes, & doresnavant de deux ans en deux ans, sans que pour l'Audition dudict compte en soyt prins aulcun sallaire. Si vous mandons, & à chacun de vous commettons & enjoignons très-expressement, qu'en faisant joyr & user lesdicts Bourgeois, Manans & Habitans de nos presens Grace, Continuation, Permission & Octroy durant ledict temps, vous contraignez ou faictes contraindre tous ceulx qu'il appartiendra, & pour ce feront à contraindre, au payement dudict Don, Ayde & Octroy par toutes voyes & manieres deues & raisonnables, & en tel cas requises, nonobstant Oppositions ou Appellations quelsconques, pour lesquelles, & sans préjudice d'icelles, ne voulons estre differé. Car tel est nostre Plaisir, nonobstant comme dessus & quelsconques, Ecdicts, Ordonnances, Restrinctions, Mandemens, Deffences & Lettres à ce contraires. Donné à Paris le treiziesme jour de Décembre, l'An de Grace mil cinq cens quatre-vingts & ung, & de nostre Regne le huitiesme, *Signé*, par le Roy en son Conseil, THIELEMENT, & scellé.

HENRY III.
27. Avril 1584.

HENRY, Par la Grace de Dieu Roy de France & de Pologne, A nos Amés & Féaulx Conseillers, les Gens tenans nostre Chambre des Comptes à Paris, Salut & dilection. De la Partie de nos Amés les Bourgeois, Manans & Habitans de nostre Ville & Marché de Meaulx, nous a esté exposé que dès le treiziesme jour de Décembre mil cinq cens quatre-vingts ung, ils ont obtenu de nous Lettres Patentes pour la continuation d'un Ayde & Octroy pour les Réparations, Fortiffications & autres Affaires de ladicte Ville & Marché de Meaulx, comme il est plus au long porté & contenu par icelles nosdictes Lettres Patentes à vous addressans, desquelles, par le moyen des maladies, incommodité du temps, & autres affaires survenues ausdicts Exposans, ils n'ont peu demander la Veriffication & l'Enterinement dedans l'an & jour de l'Impetration, de sorte que lesdictes Lettres sont demeurées surannées, ce que nous ne voullons estre à la foulle & préjudice desdicts Exposans, ausquels nous leur avons sur ce octroyé nos Lettres de Provision au cas convenables. Pourquoy NOUS, ce consideré, qui desirons subvenir à nos Subjects selon l'exigence des Cas, Vous mandons & enjoignons par ces Présentes, que sans vous arrester ny avoir esgard à ce que lesdictes Lettres sont surannées depuis le jour & datte d'icelles, vous ayez incontinent & sans délay à proceder à la Vériffication & Enterinement desdictes Lettres selon leur forme & teneur, & de tout le contenu en icelles faire, souffrir & laisser jouir lesdicts Impetrans plainement & paisiblement, tout ainsy que si elles vous estoyent presentées dedans l'an & jour de l'Impretation ; que ne voullons en rien préjudicier, ny empescher l'Effect d'icelles, dont, en tant que besoing est ou seroit, Avons rellevé & rellevons lesdicts Exposans de nostre Grace speciale, par ces Présentes. Car tel est nostre Plaisir. nonobstant comme dessus, & quelsconques Lettres à ce contraires. Donné à Paris le vingt-septiesme jour d'Avril, l'An de Grace mil cinq cens quatre-vingts-quatre, & de nostre Regne le dixiesme, *Signé*, par le Conseil, LE COMTE, & scellé.

TROISIE'ME LIASSE.

LOUIS, Par la Grace de Dieu Roy de France & de Navarre, A nos Amés & Feaux Conseillers les Gens de nos Comptes; Presidens & Tresoriers de France, & Generaux de nos Finances à Paris, Bailly de Meaux ou son Lieutenant, Salut. Nos chers & bien Amés les Habitans de nôtre Ville, Cité & Marché de Meaux, Nous ont faict remonstrer que nos Prédécesseurs Roys, voullans recognoistre la fidelité & devotion qu'ils ont tousjours eüe au service de nostre Estat, & leur donner moien de faire & entretenir les grandes Réparations Fortiffications & Emparemens des Murailles, Tours, Portes, Poternes & Fossés de ladite Ville, Cité & Marché, leur auroient conceddé & accordé de prendre & lever sur le Dixiesme & Appetissement de la Mésure du Vin vendu & debité esdites Ville, Faulxbourgs & Marché dudit Meaux, durant le temps porté par les Lettres, qui leur en ont esté expediées, suivant lesquelles Lettres, & les nostres de Continuation & Confirmation dudit Octroy, vériffiées ou besoing a esté, ils ont tousjours jouy dudit Droict jusques à present, que le temps porté par les dernieres s'en va bien tost expirer, Nous requerans, attandu qu'il n'ont aucuns Deniers Patrimoniaux, & qu'ils ne peuvent aultrement satisfaire ausdictes charges, qui sont très-grandes, il nous pleust leur continuer la mesme gratiffication, & leur pourveoir de nos Lettres à ce necessaires. NOUS à ces Causes, voullans bien & favorablement traitter les Exposans, pour les mesmes Causes & Considerations susdites, & de l'importance de ladite Ville, Avons, en continuant & renouvellant ledict Octroy, permis & accordé; & de nos Grace specialle, plaine Puissance, & Authorité Royalle, par ces Présentes permettons & accordons aux Exposans, Voullons & nous plaist, que pendant le temps de neuf ans prochains venans & consecutifs, à commancer du jour que les dernieres Lettres de Continuation expireront, ils puissent & leur soit loisible prendre, ceuillir & lever par leurs Receveurs ou Commis, & faire prendre, ceuillir & lever sur eux & chacun d'eulx ledict Ayde & Appetissement de la dixiesme Partie du Vin vendu en détail en ladicte Ville, Faulxbourgs & Marché de Meaux, tout ainsy qu'ils en ont bien & duement jouy & jouissent encores à present; pour les Deniers qui en proviendront durant ledict temps, estre convertis & employés ausdictes Réparations, Fortiffications & Entretenemens de ladicte Ville & Marché, & non ailleurs, à peine de nous en prendre à eux en

LOUIS XIV.

19. Mars 1644.

leurs propres & privés Noms, & d'estre privés de l'effect & contenu en cesdites Présentes : pourveu toutesfois que la plus grande & saine Partie desdits Habitans y ayent consenty ou consentent ; que nos Deniers n'en soient retardés ou diminués ; & que celluy ou ceux qui en font on feront la Recepte & Distribution, seront tenus en rendre bon compte & reliqua en la forme accoustumée, assavoir du passé, s'ils ne l'ont faict, avant que de jouir de l'Effect de cesdictes Présentes, & doresnavant de trois ans en trois ans pardevant vous dicts Trésoriers Generaux de France, & enfin desdits neuf ans, pardevant vous dits Gens de nos Comptes. Si vous mandons, & à chacun de vous très-expressement, enjoignons, qu'en faisant jouir & user lesdicts Exposans de nos Présentes Graces, Continuation & Permission durant ledict temps, vous contraigniez ou faictes contraindre tous ceux qu'il appartiendra au paiement dudict Octroy & Ayde par toutes voyes deues & raisonnables, en tels cas requises, nonobstant Oppositions ou Appellations quelconques, pour lesquelles & sans préjudice d'icelles, ne voullons estre differé. Car tel est nostre Plaisir. Donné à Paris le dix-neuviéme jour de Mars, l'An de Grace mil six cens quarente-quatre, & de nostre Reigne, An premier. Signé LOUIS, & plus bas, par le Roy, DE LOMENIE, & scellé. Au dessous est écrit : Registrées en la Chambre des Comptes, Ouy le Procureur General du Roy, pour jouir par les Impetrans de l'effect & contenu en icelles durant neuf années, à commancer du jour de l'expiration des precedentes, à la charge de compter ou faire compter des Deniers communs & d'Octroy de ladicte Ville suivant l'Arrest sur ce faict le vingt-quatriesme Octobre mil six cens soixante-trois.

Signé, RICHER.

24. Octobre. 1663. VEU PAR LA CHAMBRE les Lettres Patentes du Roy, données à Paris le dix-neufiesme jour de Mars mil six cens quarente-quatre, signées LOUIS, & plus bas, par le Roy, de Lomenie, & scellées du Grand Scel de cire jaulne, obtenues par les Habitans de la Ville, Cité & Marché de Meaux, par lesquelles & pour les Causes y contenues, Sa Majesté leur a continué, conceddé & accordé de prendre & lever sur jeux le Dixiéme & Appetissement de la Mésure du Vin vendu & débité esdites Ville, Fauxlbourgs & Marché de Meaux, durant le temps de neuf années prochaines venans & consecutives, à commancer du jour que les dernieres Lettres de Continuation expireront, tout ainsy qu'ils en ont bien & duement jouy & jouissent encores aprésent, & que plus au long lesdites Lettres le contiennent. Requeste présentée à ladite Chambre par lesdits Impetrans, aux fins de Vérification d'icelles. Conclusions du Procureur General du Roy, & tout consideré. LA CHAMBRE a ordonné & ordonne lesdites Lettres estre registrées, pour jouir par les Impetrans de l'effect & contenu en icelles durant neuf années, à commancer du jour de l'expiration des Précedentes, à la charge de compter ou faire compter des Deniers communs & d'Octroy de ladicte Ville, des années mil six cens cinquante-trois, cinquante-quatre, & suivantes jusques & compris mil six cens soixante-deux, dans le lendemain de Sainct Martin prochain, à peine de cinq

cinq cens livres d'amende. Faict le vingt-quatriéme jour d'Octobre mil six cens soixante & trois. *Au-dessous est escrit*: Extraict des Registres de la Chambre des Comptes. *Signé* RICHER.

LOUIS par la Grace de Dieu Roy de France & de Navarre: A tous presens & à venir; Salut. Par nostre Declaration du vingt-uniesme Decembre 1647. registré oú besoin a esté: Nous aurions ordonné que tous les Deniers communs d'Octroy & autres qui se levoient au profit des Villes & Communautez de nostre Royaume, seroient portées à nostre Espargne, à commencer du premier Janvier 1648. & permis aux Maires & Eschevins desdites Villes & Communautez, de lever par doublement les mesmes Droicts & Octrois sur les Denrées, Marchandises & autres choses, sur lesquelles lesdits Deniers communs se levoient: Mais quelques gens mal intentionnez s'estant efforcez de persuader que tout ce qui avoit esté fait avant la Declaration du douziéme Octobre 1648. se trouvoit par icelle revoqué & supprimé, auroit donné lieu de faire expedier nostre Edict du mois de Decembre 1652. verifié en nostre Parlement de Paris, pour revoquer ladite Declaration de 1648. en ce qu'elle se trouvoit contraire aux Edicts registrez ès Cours Souveraines, ausquelles l'adresse en auroit esté faite, dont nous aurions ordonné l'execution selon leur forme & teneur, nonobstant ladite suppression, restablissant tout de nouveau lesdits Droits supprimez pour estre payez ainsi qu'auparavant ladite Declaration: Et bien qu'en consequence de celle de 1647. & de l'Edict de 1652. Nous eussions pû faire porter en nostre Espargne le total du revenu desdits Dons, Concessions, Octrois & Deniers communs: Neantmoins desirant traitter favorablement lesdites Villes & Communautez, Nous aurions par Arrest de nostre Conseil du 28. Juin 1653. ordonné que du revenu des Dons, Concessions, Octrois tant anciens que nouveaux & Deniers communs qui se levoient auparavant la Declaration de 1647. ou qui ont été depuis accordez aux Villes, Bourgs & Communautez du Royaume, Terres & Seigneuries de nostre obeyssance, qui devoient estre entierement portez à nostre Espargne, il en seroit seulement levé à nostre profit la premiere moitié, à commencer du premier Avril 1653. laquelle seroit payée par les Maires, Eschevins, Scindics, Gens du Conseil, Lieutenans, Jurats, Capitouls, Directeurs & Administrateurs des Deniers communs, Dons, Concessions & Octroits desdites Villes & Communautez, leurs Receveurs, Fermiers, Commis & tous autres qui composent le Corps desdites Villes & Communautez à celuy chargé dudit recouvrement, suivant les Etats qui en seroient arrestez audit Conseil pour cet Effet: Et pour nostre asseurance Nous aurions donné faculté à celuy chargé dudit recouvrement, de se mettre en possession du total desdits Octrois & Deniers communs en payant ausdites Villes & Communautez pareilles sommes que celles qui leur estoient demandées pour raison de ladite premiere moitié. Et au lieu par les Maires, Eschevins & Habitans de plusieurs desdites Villes & Communautez, de reconnoistre la grace que Nous leur faisons de remettre ladite moitié; Ils ont tasché par tous les moyens

LOUIS XIV.

Décembre 1663.

Il n'est point fait mention sur cette Piece, qu'elle ayt été transcripte & registrée en la Chambre des Comptes.

G

de Nous en oster la connoissance pour s'exempter de Nous la payer ; & pour y parvenir se sont advisez de faire regir lesdits Octrois par leurs mains en quelques endroits, & en d'autres d'en faire des baux frauduleux à leurs domestiques ou autres personnes qui leur estoient affidez: En consequence desdits Baux, ils ont fait reduire & moderer ladite premiere moitié à des sommes beaucoup moindres que celles portées par lesdits Estats de recouvrement & la juste valleur d'icelle: Le notable prejudice que cette fraude nous a causé, Nous a porté à faire donner autre Arrest en nostre Conseil le 17. Juillet 1655. portant que ladite Declaration, Edicts & Arrests des mois de Decembre 1647. & 1652. & 28. Juin 1653. seroient executez selon leur forme & teneur & conformement à iceux, que lesdits Maires, Escheyins, Scindics & Habitans desdites Villes & Communautez seroient tenus Nous payer les sommes ausquelles se trouveroit monter la juste valleur de ladite premiere moitié du revenu de leursdits Octrois, tant anciens que nouveaux & Deniers communs, suivant les Estats de Recouvrement qui en seroient arrestez audit Conseil, nonobstant lesdits Arrests de moderation & toutes destinations desdits Deniers faites ou à faire dans les deux premiers quartiers de chacune année qui compose ladite premiere moitié huict jours après chacun d'iceux expiré ; autrement & à faute de ce faire dans ledit temps & iceluy passé, qu'ils y seroient contraints solidairement par les voyes accoustumées pour nos Deniers & Affaires à leurs frais ; Mais la necessité de nos Affaires Nous ayant obligé de rechercher un plus puissant secours, Nous aurions par nostredit Edict du mois d'Aoust 1657. Ordonné l'allienation de ladite premiere moitié, & depuis icelle revoqué & resolu de joindre le revenu desdits Octrois au Bail general de nostre Ferme des Aydes, à la charge de pourvoir au remboursement des Acquereurs de ladite moitié sur le pied de ce qui se trouvera avoir actuellement entré en nos coffres, & suivant la liquidation qui en seroit faite par les Commissaires que Nous devons deputer à cet effet. A ces Causes ; Sçavoir faisons, Qu'ayant fait mettre cette Affaire en deliberation en nostre Conseil ; De l'advis de la Reyne nostre très-honorée Dame & Mere, de nostre très-cher Frere unique le Duc d'Orleans, & de plusieurs notables personnes de nostredit Conseil ; & de nos certaine Science, pleine Puissance & Authorité Royale ; Nous avons par ces Présentes, signées de nostre main, Dit, declaré & ordonné ; Disons, declarons & ordonnons, Voulons & Nous plaist, conformement à nostre Declaration du 21. Decembre 1647. & Edict du mois de Decembre 1652. & Arrests de nostre Conseil sur ce intervenus, & en interpretant iceux, Qu'au lieu du revenu total de tous les Dons, Concessions, & Octrois, tant anciens que nouveaux, & Deniers communs, qui auroient esté ordonnez estre portez en nostre Espargne en consequence de nôtredite Declaration, il sera seulement levé à nostre proffit à perpetuité, la premiere moitié de tous les Dons, Concessions & Octrois & Deniers communs tant anciens que nouveaux, & autres Deniers qui se sont levez, & levent par les Villes, Bourgs, Communautez & Particuliers de nostre Royaume, Pays, Terres, & Seigneuries de nostre Obeissance,

pour Debtes, Subsistances, Rentes, & autres Charges, & Affaires tant generalles que particulieres, desdites Villes & Communautez en vertu d'Edits, Declarations, Arrests, Lettres Patentes de Nous, des Roys nos Predecesseurs ou autrement, en quelque sorte, & maniere que ce puisse estre, & pour quelque cause & occasion que ce soit; nonobstant toutes Destinations, & Advances faites par lesdites Villes & Communautez ou leurs Fermiers, Arrests, & Lettres contraires, ausquelles Nous avons derogé & derogeons pour ce regard; Contracts d'Adjudication & Baux faits en consequence, lesquels Nous avons par ces Présentes cassez, revoquez, & annulez, & tout ce qui s'en est ensuivy, sauf aux Adjudicataires & Acquereurs à se pourvoir par devers Nous pour leur remboursement, sans qu'ils puissent pour raison de ce troubler ny empescher ceux qui auront Bail, ou droit de Nous en la joüissance de ladite premiere moitié desdits Octroys, & Deniers communs dont nous voulons que nosdits Fermiers leurs Procureurs & Commis, joüissent pleinement & paisiblement par leurs mains, ainsi qu'il sera par nostredit Conseil ordonné, mesmes de ceux dont lesdits Maires, Eschevins & Engagistes auroient fait l'abandonnement depuis ladite Declaration du mois de Decembre 1647. par fraude, negligence, ou autrement, dont Nous voulons que ladite premiere moitié soit restablie à nostre profit, & ce par preference à toutes Rentes, Debtes, Subventions, Subsistances, Emprunts & autres Charges & Redevances desdites Villes & Communautez, generalement quelconques, qui pourroient estre pretendus sur lesdits Droits & Deniers communs; lesquelles seront prises sur l'autre moitié d'iceux, qu'ils pourront continuer à perpetuité, encore que le temps porté par lesdites Lettres de Concessions, fut expiré, sans qu'il soit besoin ausdits Maires & Eschevins des Villes, d'obtenir des Lettres de confirmation, dont Nous les dispensons; Et pour esviter les differens qui pourroient naistre entre lesdits Maires, Eschevins, Scindics & nos Fermiers de ladite premiere moitié desdits Octrois & Deniers communs, ou leurs Procureurs, tant pour raison du partage desdits Octroys & Deniers communs que ladite premiere moitié. Voulons & Ordonnons, qu'en offrant & se chargeant par nosdits Fermiers, ou leurs Procureurs, de payer ausdits Maires, Eschevins & Syndics, pareilles sommes que celles pour lesquelles ils seront compris & employez dans lesdits Estats de recouvrement ou Roolles d'Evaluation expediez pour ladite premiere moitié dans les deux derniers quartiers de chacune année, qui compose ladite seconde moitié, huictaine après chacun d'iceux expiré, ils jouissent pleinement & paisiblement du total du revenu de ladite premiere & seconde moitié de tous les Dons, Concessions, Octroys, & Deniers communs, tant anciens que nouveaux, qui se sont levez & levent esdites Villes & Communautez, dont lesdits Maires, Eschevins & Sindics seront tenus de quitter pour cet effet à nosdits Fermiers, ou leurs Procureurs la libre possession & joüissance, & de remettre à cette fin, entre leurs mains toutes les Lettres & Tiltres, en vertu desquels il faisoient la levée desdits Octroys & Deniers communs, à quoy faire ils seront contraints par les voyes accoustumées pour nos Deniers & Affaires: Ausquels

Maires, Eschevins, Sindics, Gens du Conseil, leurs Receveurs, Fermiers, Commis & tous autres qui composent le Corps desdites Villes & Communautez. NOUS AVONS fait & faisons trés-expresses inhibitions & deffences d'apporter aucun trouble ny empeschement à la levée & perception desdits Octrois & Deniers communs, sur peine de desobeyssance & d'y estre contraints solidairement avec les Habitans desdites Villes & Communautez : Et d'autant que depuis le premier Janvier dernier, il a esté donné des Arrests particuliers en nostre Conseil pour le fait desdits Octrois & Subsistance en faveur des Villes de Troyes, Rennes, Chaalons, Chartres, Angers, Dieppe, le Havre & autres Villes, Nous voulons & ordonnons que lesdits Arrests soient executez, encore qu'ils se trouvent en quelque chose contraires à ce que dessus. SI DONNONS EN MANDEMENT à nos amez & feaux Conseillers les Gens tenans nostre Chambre des Comptes & Cour des Aydes à Paris, que nos presentes Lettres ils fassent lire, publier & registrer & le contenu en icelles, garder & observer de point en point selon leur forme & teneur, sans y contrevenir, ny souffrir qu'il y soit contrevenu, nonobstant tous Edits, Declarations, Arrests & autres choses à ce contraires, ausquelles, & aux derogatoires des derogatoires, Nous avons derogé & derogeons par ces Presentes, & nonobstant Oppositions ou Appellations quelconques, pour lesquelles ne sera differé. Et d'autant que des Presentes, l'on pourra avoir besoin en plusieurs & divers lieux, Nous voulons qu'aux Copies d'icelles deüment collationnées par l'un de nos amez & feaux Conseillers & Secretaires, foy soit adjoustée comme à l'Original ; Et afin que ce soit chose ferme & stable à tousjours, Nous avons fait mettre nostre Scel à cesdites Presentes, sauf en autre chose nostre droict & l'autruy en toutes : CAR tel est nostre Plaisir. DONNE à Paris au mois de Decembre l'An de Grace 1663. Et de nostre Regne le vingt-uniéme. *Signé* LOUIS ; *Et plus bas* Par le Roy, DE GUENEGAUD. Et scellé du grand Sceau de cire verte sur lacs de soye rouge & verte. Et encores est écrit ;

Leu, publié, & registré en la Chambre des Comptes, Oüy, & ce consentant le Procureur General du Roy, du trés-exprés Commandement de Sa Majesté, porté par Monsieur le Duc d'Orleans, Frere unique de Sadite Majesté, assisté des Sieurs du Plessis-Praslin, Mareschal de France, Dormesson, & de la Fosse Conseillers ordinaires de Sadite Majesté en ses Conseils, le trente-uniesme jour de Decembre mil six cens soixante-trois.

Signé, RICHER.

Leües, publiées, & registrées du trés-exprés Commandement du Roy, porté par Monsieur le Prince de Condé, assisté du Sieur Duc de Villeroy Mareschal de France, & des Sieurs Daligre & de Seve, Conseillers ordinaires du Roy en son Conseil d'Estat, Oüy & ce requerant son Procureur General, pour estre executées selon leur forme & teneur ; Et ordonné que coppies collationnées à l'Original, seront envoyées és Sieges des Eslections, & Greniers à Sel, pour y estre pareillement leües, publiées, & registrées :

Enjoint aux Substituts dudit Procureur General du Roy esdits Sieges, de faire toutes requisitions & diligences pour ce necessaires. A Paris en la Cour des Aydes, les Chambres assemblées, le trente-uniéme jour de Decembre 1663.

Signé, DU MOULIN.

Collationné aux Originaux, par moy Conseiller Secretaire du Roy, & de ses Finances.

Signé, DORDELAGARNIER.

COLLATION de la presente Coppie, a été faite sur autre Coppie collationnée aux Originaux, Signée Dordelagarnier, Conseiller Secretaire du Roy. Et ce fait rendue, par les Notaires du Roy à Meaux, sousignez. Le vingt-neufiesme Juillet mil six cens quatre-vingt-sept.

Signé, THOMAS, Notaire, LE FEVRE, Notaire.

QUATRIE'ME LIASSE.

Contenant les Articles accordés par le Roy Henry IV. à la Ville de Meaux, sur sa Réduction volontaire à l'Obeissance de Sa Majesté, avec les Edits, Lettres Patentes & Arrests intervenus en consequence.

LE ROY sera très-humblement supplyé d'octroyer aux Habitans de Meaux, les Articles qui ensuivent. HENRY IV. 4. Janvier 1594.

ASSAVOIR : Que Sa Majesté conservera lesdits Habitans en la Religion Catholicque, Apostolicque & Romaine, sans qu'il y soit faict aultre exercice de Religion ; & que nul ne sera receu en ladicte Ville sans permission du Gouverneur. I.

En marge est écrit : Accordé.

Que tous Ecclesiasticques du Diocèse de Meaux demoureront quictes & deschargés des Décimes eschues & à escheoir jusques au jour Saint Remy chef d'Octobre mil cinq cens quatre-vingts-quatorze. II.

Au dessous est écrit : Le Roy accorde à ceulx du Clergé de la Ville & Faulxbourgs de Meaux, qui sont apresent resıdans en icelle, ce qu'ils doibvent des Décimes, tant du passé, ce qu'ils pourront debvoir pour la présente année.

Que Sadite Majesté aura pour agreable les Provisions des Benefices & Prébendes qui ont esté données par Monsieur de Mayenne, & les confirmera, sans s'arrester aux Provisions cy-devant données par Sa Majesté, & aux Arrests, Jugemens & Sentences sur ce intervenues, ensemble aux Saisies faictes en conséquence, desquelles main-levée sera faicte & baillée, III.

Au-dessous est écrit : Le Roy faict Don desdicts Benefices à ceulx qui sont apresent en ladite Ville, & en prendront Provision de Sa Majesté.

IV. Qu'il ne sera mis ou estably en ladicte Ville aultre Garnison, soit de cheval ou de pied, que la Compaignée de Chevaulx-Legers dudit Sieur de Vitry, laquelle neantmoings sera payée & souldoyée troys jours aprés le moys passé par Sadite Majesté, sans aucune foulle desdicts Habitans.

Au-dessous est écrit : Sa Majesté accorde que ladite Garnison soit establye, ainsy qu'il sera requis par ledit Sieur de Vitry.

V. Que lesdicts Habitans de Meaulx seront & demoureront pour l'advenir exemps des Tailles.

Au-dessous est écrit : Le Roy accorde aux Habitans de la Ville & Faulxbourgs, exemption des Tailles durant neuf années, excepté toutesfois le Taillon & Payement du Prevost des Mareschaux.

VI. Que tous Arreraiges de Tailles, Taillon, & Levées extraordinaires, seront quittées & remises à tous les Villaiges & Paroisses de l'Election dudit Meaux, sans qu'à l'advenir on leur en puisse demander aucune chose, nonobstant toutes Assignations & Contrainctes des Recevenrs, qui pourroiemt cy devant avoir esté baillées, Promesses, Cedulles & Obligations, faictes par lesdicts Habitans desdicts Villages & Paroisses pour raison desdicts Arreraiges; lesquelles demoureront nulles, & les Prisonniers & Biens pour raison de ce eslargis & rendus.

Au-dessous est écrit : Le Roy quicte & remest aux Supplians ce qu'ils doibvent acause des Tailles & Creues des années passées, jusques au dernier Decembre dernier, attendu la pauvreté notoire & impuissance du Plat-Pays de ladicte Election, excepté du Taillon & Prevost des Mareschaux. Et pour le regard des obligations faictes par aucuns desdits Habitans desdites Paroisses aux Gouverneurs & aultres Personnes assignées sur lesdits Deniers, Sa Majesté, pour les mesmes Considerations, en a surcy le Payement jusques au premier jour du moys de May prochain, pendant lequel temps lesdicts Gouverneurs & Assignés bailleront par Estat aux Tresoriers de France establis à Senlis, les Sommes & Deniers portés par lesdictes Obligations & Assignations, pour estre icelles par l'un d'eulx apportées au Conseil, & en estre ordonné ce qu'il appartiendra. Et cependant Deffences à tous Huissiers & aultres de mettre à execution lesdictes Obligations & Contrainctes sur eulx jusques à ce qu'aultrement par Sa Majesté en ayt esté ordonné, & seront eslargis ceulx qui pour ce ont esté constitués Prisonniers.

VII. Que les diminutions & moderations des Tailles cy-devant faictes par ledict Sieur de Vitry aux Paroisses des Elections de Meaux, Melun, Provins, Rozoy & Coulommiers, auront lieu, & sortiront leur effect.

Au-dessous est écrit : Lettres Patentens de Sa Majesté seront expediées pour ladite descharge, suivant l'Estat & Descharge faicte par ledit Sieur de Vitry, en consequence des Traictés faicts par ledit Sieur de Vitry pour la Brye.

Que les Frais des Redditions des Comptes des Receveurs establis ès Ellections de Melun, Provins, Rozoy & Coulommiers, pour recevoir ce que Sa Majesté a cy-devant accordé audit Sieur de Vitry, par le Traicté de la Brye, estre levé sur lesdictes Ellections pour l'Entretenement de ladite Garnison de Meaux, seront prinses sur les Deniers de l'espargne, pour le défault de Fonds que peuvent avoir lesdits Receveurs, par le moyen de ce que tous les Deniers qu'ils ont receus, ont esté employés au Payement de ladicte Garnison. VIII.

Au-dessous est écrit : Lesdits Comptes seront rendus par Estat pardevant l'un des Intendans des Finances de Sa Majesté, suivant l'Estat qui en sera présenté, & s'il n'y a Fonds, leur sera pourveu d'ailleurs.

Que les Assignations données par le Receveur des Aydes de la presente année à plusieurs Taverniers, Cabaretiers & autres personnes de ceste Ville de Meaux pour l'acquict des debtes qui luy estoient deues par aucuns Gens de Guerre de la Garnison de Meaux, & ce tant sur les Quartiers ja escheus, que autres à escheoir, montant lesdites Assignations, à la somme de. . . . . vallideront, & sortiront leur Effect, & en ce faisant ledict Receveur demourera du tout quicte & deschargé des Deniers de ladicte Recepte. IX.

Au-dessous est écrit : Accordé sur les Deniers de l'année derniere, & jusques au premier jour de Mars prochain.

Sera Sadicte Majesté suppliée, que pour l'Assiete des Tailles, qui se doibt faire, de l'Election de Meaux, d'avoir esgard à la Pauvreté & grande Ruyne du Peuple, à ce qu'il soit soulagé le plus que faire se pourra. X.

Au-dessous est écrit : Sera mandé aux Tresoriers de France, de soulager en tout ce qu'ils pourront ceulx de ladicte Eslection, & cependant Sa Majesté veult qu'ils soient surcis durant troys moys de la moitié de ce à quoy ils sont taxés pour le premier Quartier ; lesquels Deniers desdictes Tailles, Creues, & Taillon, & aultres Deniers levés en ladicte Eslection seront apportés par les Collecteurs des Paroisses d'icelle en la Ville de Meaux ès mains des Receveurs desdictes Tailles & Taillon, où Sa Majesté a estably lesdictes Receptes depuys la reduction de ladicte Ville, & non ailleurs ; entendant Sa Majesté que les Officiers de ladicte Eslection exercent leurs Charges en ladicte Ville, & expedient les Trolles si aucuns en restent à expedier, demourant ceux faicts par les Esleus de Dampmartin, pour éviter retardement au recouvrement desdicts Deniers, s'ils estoient resformés pour les faire signer de tous les Esleus de ladicte Eslection.

XI. Que les Receveurs du Domaine, Aydes, Tailles, Taillon, Deniers Communs, Dons & Octroys, Receveurs & Payeurs des Presidiaux, Commis aux Receptes & aultres qui ont esté employés au Maniement & Distribution des Deniers levés en quelque-sorte, & pour quelque Effect que ce soit, & desquels ils ont compté en la Chambre des Comptes à Paris pendant les presens troubles, ne pourront estre poursuivis ny recherchés de nouvel par reddition de leurs dits comptes ja par eulx rendus.

Au-dessous est écrit : Le contenu au present Article est accordé, & sera faict deffences à la Chambre de rien faire au contraire.

XII. Et d'aultant qu'aucuns de ceulx qui ont touché & reçeu aucuns Deniers levés sur ladicte Ville, ou sur aucuns Particuliers d'icelle, ont seulement rendu compte en l'Hostel de ladicte Ville; qu'il plaise à Sadicte Majesté ordonner qu'ils demoureront deschargés, sans qu'ils puissent estre contraints rendre aultres Comptes que ceulx par eulx rendus.

En marge est écrit : Accordé.

XIII. Que tous Articles raiés & tenus en souffrance ès Comptes cy-devant rendus par lesdicts Receveurs du Domaine, Tailles, Taillon, Aydes & autres concernant le faict de ladicte Ville de Meaux, Charges & Droicts d'Officiers, seront restablis purement & simplement, nonobstant lesdictes radiations & souffrances.

Au-dessous est écrit : Accordé pour les Gaiges & Taxations seulement.

XIV. Que les Deniers cy-devant paiés par les Fermiers & Receveurs de l'Evêché & Abbaye Saint Faron de Meaux, aux Economes establis par Monsieur de Mayenne, aux Tréforier & Chanoynes de la Sainte Chapelle du Pallais à Paris, & aultres, par force ou aultrement, leur tourneront en paye, & ne pourront estre répetés sur lesdicts Fermiers & Receveurs, qui en demoureront quictes & deschargés, ensemble tous aultres Fermiers des Beneficiers de ladicte Ville de Meaulx.

En marge est écrit : Accordé.

XV. Que les Baulx des Aydes faicts en ladicte Ville de Meaulx par les Officiers de ladicte Eslection, vallideront & sortiront leur Effect, nonobstant ceulx qui pourroient avoir esté faicts à Crecy, Dampmartin & aultres Lieux, qui demoureront cassés & de nulle valeur.

Au-dessous est écrit : Les Baux, qui se trouveront les plus advantaigeux & proffitables pour le service du Roy, auront lieu, & toutesfois s'il se trouve qu'ils ayent esté faicts par ceulx de la Ligue, sera prins Lettres du Roy par lesdicts Fermiers.

XVI. Que les Habitans de Meaux, qui n'ont peu jouir des Fermes des Aydes baillés par les Esleus dudict Meaulx, au moyen des aultres Baulx qui en ont esté ont esté faicts par les Officiers de Sa Majesté, ne pourront estre contraints au payement des sommes ausquelles qu'il leur a esté faict, d'aultant que les Recepveurs de Sadicte Majesté ont esté payés de Ceulx qui ont jouy.

En marge est écrit : Accordé.

Que les Villes, Bourgs & Villages deppendans de l'Election dudict XVII.
Meaux, qui ont esté puys nagueres éclipsés & distraicts, pour l'Eslection des Bureaux de Crespy & Rozoy, seront remis & incorporés en ladicte Eslection de Meaux, comme ils estoient auparavant; comme aussy les Eslections particulieres nouvellement establis en l'estendue de ladicte Eslection de Meaux, cassés & supprimés.

Au-dessous est écrit : Le Roy y pourvoira aussy-tost que ses Affaires le pourront permettre.

Que tous lesdicts Habitans seront gardés & maintenus en leurs Previ- XVIII.
leges, Franchises & Libertés, & en ce faisant, les Droicts, Dons & Octroys accordés par les Prédécesseurs Roys, confirmés.

En marge est écrit : Accordé.

Que toutes choses, qui se sont passées en ladicte Ville durant les pré- XIX.
sens troubles, seront extaintes & assopies, sans qu'il soit loisible d'en faire poursuite, reproches ny susciter aucunes querelles en peine de punition, pour oster occasion à tous Habitans de se désunir les ungs d'aveck les aultres.

Au-dessous est écrit : Accordé pour ce qui s'est passé en faict de Guerre, & durant la Guerre.

Que tout ce qui a esté faict en ladicte Ville joinct par le Corps d'icelle, XX.
auctorité de la Justice ordinaire & extraordinaire, depuys les présens Troubles jusques à huy, soit pour prinse, levée & employ de Deniers, tant hors que de dans icelle, & pour raverner Ventes de Biens Meubles. & Perceptions de Fruicts des Immeubles des Absens, faicts d'Armes & aultres Choses quelsconques, seront par Sa Majesté abolis, sans que á l'advenir ladicte Ville, ny Particuliers Habitans en puissent estre reecherchés & inquiétés.

Au-dessous est écrit : Le Roy veult que toutes disputes & occasions de querelles soient assoupies & estaintes.

Que tous Dons cy-devant faicts par Sa Majesté, tant des Biens des Ha- XXI.
bitans de ladicte Ville, que Bénéficiers & aultres, seront & demoureront révoqués.

En marge est écrit : Accordé.

XXII. Que tous Habitans de ladicte Ville seront payés des Rentes & Arreraiges d'icelles, qu'ils ont tant sur les Tailles & Aydes, que sur l'Hostel de Ville de Paris, & Greniers à Scel.

Au-dessous est écrit : Seront employés en l'Estat, pour estre paiés à l'advenir comme les aultres Serviteurs du Roy.

XXIII. Que tous Officiers de ladicte Ville, & qui sont gaigés, seront paiés par chacun Quartier de leurs Gaiges, à leurs Offices appartenans, lesquels ne pourront estre retranchés en quelque sorte & maniere que ce soit, ains seront paiés incontinent le Quartier escheu.

En marge est écrit : Accordé.

XXIV. Que les Officiers nouvellement pourveus par Monsieur de Mayenne, jouiront de leurs Provisions, sans que en leur lieu & place aultre ny plus grand nombre puisse entrer en la jouissance desdicts Offices, encores qu'ils eussent Lettres de Provision de Sadicte Majesté, moyennant qu'ils seront résidens présentement en ladicte Ville de Meaux.

Au-dessous est écrit : Ceux qui ont esté pourveus par le Duc de Mayenne, lesquels sont aprésent Serviteurs du Roy, & résidens en ladicte Ville, jouiront desdicts Offices en vertu du Don que Sa Majesté leur en faict aprésent, en considération de leur fidelité, en prenant par eulx Lettres de Provision de Sadicte Majesté : & les Absens pourveus par ledict Duc de Mayenne seront privés desdicts Offices, & en jouiront ceulx qui en sont pourveus par Sa Majesté, voulant Sadicte Majesté que ceulx qui ont Finance en ses Parties casuelles pour les susdicts Offices, & qui n'en jouiront, soient remboursés.

XXV. Que tous Estats qui ont esté nouvellement érigés, tant par Sa Majesté que par le feu Roy ès Jurisdictions ordinaires & extraordinaires de ladicte Ville, dont aucun ne jouist & n'est en possession en icelle, seront supprimés, nonobstant quelques Provisions qui en pourroient avoir esté obtenues, & Réceptions qui s'en pourroient estre ensuivis

En marge est écrit : Accordé.

XXVI. Que tous les Officiers & aultres pourveus par les feus Roys, seront confirmés par Sa Majesté, sans paier finance & sans frais.

Au-dessous est écrit : Accordé, en prenant Lettres de Provision de Sa Majesté.

XXVII. Que ceux qui ont esté pourveus par Commission d'aucuns Offices de ladicte Ville, ne pourront estre poursuivis ou inquietés par la restitution des Gaiges, Droicts, Proffits & Esmolumens qu'ils en ont touchés, par les Titulaires desdicts Offices ny aultres.

Au-dessous est écrit : Accordé pour les Gaiges affectés ausdicts Offices.

Que l'Augmentation qui a esté faicte d'un Escu-Sol sur chacun Minot XXVIII.
de Sel, pour le payement des Gaiges d'aucuns Officiers de la Ville de Paris, sera cassée & ostée, & l'Augmentation qui a esté faicte de la somme de vingt Sols pour le Payement des Gaiges des Officiers dudict Siége Présidial de Meaux, confirmée & approuvée par Sadicte Majesté.

Au-dessous est écrit : Ladicte Augmentation, qui est d'un Escu quinze Sols, sera levée comme aux aultres Greniers, & les Deniers employés au payement de la Garnison de ladicte Ville, cessant la levée de l'Escu, selon la Commission du Duc de Mayenne.

Que les Deniers du Quartier commanceant le premier jour d'Octobre & XXIX.
finissant le dernier jour de Decembre mil cinq cens quatre-vingt-unze, provenant de ladicte Creüe & Imposition d'un Escu-Sol sur chacun Minot de Sel vendu au Grenier & Magazin de Meaux, octroiés par Monsieur de Mayenne aux Officiers tenans la Chambre des Comptes à Paris, seront baillés & délivrés aux Présidens, Conseillers & Gens du Roy dudict Siége Présidial de Meaux, qui ont deservy les troys dernieres années, & sont de présent Résidens en ladicte Ville, en Payement & desduction des Arreraiges de leurs Gaiges.

Au-dessous est écrit : Se contanteront de la continuation des dix Sols pour le Payement de leurs Gaiges ; & s'il n'y a fonds, leur sera pourveu d'ailleurs.

A Monsieur de Vitry, l'Estat de Bailly, Cappitaine & Gouverneur de la XXX.
Ville & Chasteau de Meaux, & à son Fils aisné la survivance desdicts Estats, suivant la très-humble Supplication & Requeste, que lesdicts Habitans font à Sa Majesté.

En marge est écrit : Accordé.

Faict à Meaux, le quatriesme Janvier mil cinq cens quatre-vingts-quatorze. Signé de la propre main du Roy, HENRY, *Et plus bas*, POTIER. Au pied desdits Articles de la Reduction de Meaux, *est écrit :*

Registrées en la Chambre des Comptes, Oy le Procureur General du Roy ; pour joir par les Impetrans de l'effect & contenu en icelles, selon & ainsi qu'il est porté par l'Arrest du jourd'huy trentiéme & dernier jour d'Avril, l'An mil cinq cens quatre-vingts-quatorze. Signé, DE LA FONTAINE.

Registrées au Greffe de la Cour des Aydes, Ouy sur ce le Procureur General du Roy, pour jouyr par les Impetrans de l'effect & contenu des Présentes, suyvant l'Arrest du jourd'huy. A Paris le sixiesme jour de May mil cinq cens quatre-vingts-quatorze. Signé BONNET.

HENRY IV.
Janvier 1594.

HENRY Par la Grace de Dieu Roy de France & de Navarre, A tous presens & advenir, Salut. Desirans gratiffier le Clergé & Habitans de Meaux, en faveur de ce que nouvellement ils se sont rangés en nostre Obeissance, ayans de leur plaine volonté & propre mouvement quitté & habandonné l'alliance qu'ils avoient contractée contre nostre service avec les Ennemis de nostre Couronnne. NOUS pour ces Causes, & en faveur de nostre joyeuse Entrée audict Meaux, mesme pour donner ausdicts Clergé & Habitans plus d'occasion de continuer cy-après la fidelité qu'ils nous doivent & nous ont jurée, comme à leur Roy naturel & lègitime, leur avons de nostre Grace & Liberalité specialle sur les Articles par eulx à Nous presentés lors de ladicte Reduction de ladicte Ville, tant pour le Faict de la conservation de la Religion Catholicque, Apostolicque & Romaine en icelle Ville; descharge par eulx naquise des Decymes de leur Diocese; confirmation des Provisions de Beneffices & Prebandes données par le Duc de Mayenne; entretenement & solde de la Compagnie de Chevaux-Legers dudict Sieur de Vittry en la Garnison de ladicte Ville; Remise de Tailles, Taillon & aultres Levées extraordinaires; Diminution & moderation des Tailles cy-devant faictes, Frais & reddiction des Comptes; que pour aultres Poincts par le menu speciffiés au Cahier desdits Articles cy attachés soubs le Contre-Scel de nostre Chancellerie, & après en avoir oy & entendu la lecture; accordé, promis & octroyé, accordons, promettons & octroyons par ces Présentes signées de nostre main, ce qui est particulierement contenu ès responces mises & appostillées en marge de chacun desdicts Articles, que nous voulons & entendons sortir leur plain & entier Effect, & estre executés de poinct en poinct selon leur forme & teneur, comme si elles estoient si par le menu refferées & expeciffiées. Si donnons en Mandement à nos Amés & Féaux Conseillers les Gens tenans nostre Court de Parlement, Chambre de nos Comptes, Court des Aydes, Presidens & Tresoriers Generaux de France, & à tous aultres nos Officiers & Justiciers qu'il appartiendra, que lesdicts Articles avec ces Présentes ils façent enregistrer, & le contenu en icelles garder & observer inviolablement, & jouir & user lesdicts Clergé & Habitans plainement & paisiblement, sans permettre ne souffrir y estre contrevenu, cessans & faisans cesser tous troubles & empeschemens au contraire, nonobstant quelsconques Ecdicts, Mandemens, Deffences & Lettres à ce contraires, ausquels nous avons pour ce regard, & sans y prejudicier en aultres choses, derogé & derogeons de nostre plaine Puissance & Auctorité Royal. Car tel est nostre Plaisir; & affin que ce soit chose ferme & stable à tousjours, nous avons faict mettre nostre Scel à cesdictes Présentes, sauf en aultres choses nostre Droict, & l'Aultruy en toutes. Donné à Meaux, au mois de Janvier, l'An de Grace mil cinq cens quatre-vingts-quatorze, & de nostre Regne le cinquiesme. Signé de la propre main du Roy, HENRY; & sur le reply: par le Roy, POTIER, & scellé. Sur le même reply est écrit: Registrées, oy le Procureur General du Roy, à Chaalons en Parlement, le dix-huitiesme Mars mil cinq cens quatre-vingts-quatorze, signé, POTIER. Sur le même reply est aussi écrit:

Registrées semblablement en la Chambre des Comptes, oy le Procureur General du Roy, pour joir par les Impetrans de l'Effect & contenu en icelles, selon & ainsi qu'il est porté en l'Arrest du jourd'huy trentiéme & dernier jour d'Avril l'An mil cinq cens quatre-vingts-quatorze, signé DE LA FONTAINE. Et ledit reply est encore écrit : Registrées au Greffe de la Cour des Aydes, ouy sur ce le Procureur General du Roy, pour jouir par les Impetrans de l'effect & contenu des Présentes, suivant l'Arrest du jourd'huy. A Paris le sixiesme jour de May mil cinq cens quatre-vingts-quatorze. *Signé*, BONNET.

VEU PAR LA CHAMBRE les Lettres Patentes du Roy, en forme de Charte, données à Meaulx au mois de Janvier dernier, signées, HENRY, & sur le reply, par le Roy, POTIER, contenant Declaration dudict Seigneur sur la reduction nagueres faicte de sadicte Ville de Meaulx en son Obeissance. La Requeste presentée par les Habitans d'icelle, requerant l'Entherinement & Verification desdictes Lettres. Conclusions du Procureur General du Roy, L'Arrest de ladicte Chambre du vingt-deuxiesme Avril dernier, par lequel il est ordonné, avant que proceder à l'Entherinement desdicts Articles & Lettres, qu'elles seroient communicquées au Prevost des Marchans, & Eschevins, & Corps de la Ville de Paris. Opposition formée par lesdicts Prevost des Marchands & Eschevins à l'Entherinement desdictes Lettres, pour le regard de la remise des Decymes. Aultres Conclusions dudict Procureur General, auquel le tout a esté communicqué. Tout consideré. LA CHAMBRE a ordonné & ordonne lesdictes Lettres & Articles estre registrées ès Registres d'icelles, pour en jouir par les Impetrans aux charges & modiffications cy-après declarées. C'est assavoir, qu'ayant égard à l'Opposition formée par lesdits Prevost des Marchands & Eschevins, après que les Impetrans auront faict faire par le Roy le remplacement des Deniers par eulx deubs desdictes Decymes affectés au paiement des Arreraiges des Rentes constituées sur icelles, ils jouiront de la remise à eulx accordée par lesdictes Lettres. Comme aussy de l'exemption des Tailles & Crues pour neuf années, à la reservation d'un quartier pour chacunes d'icelles, sans toutesfois que le Plat Pays de ladicte Election puisse estre surchargé à cause de la diminution. Et pour le regard des moderations faictes par le Sieur de Victry à la presentation des Lettres de validation mentionnées au septiéme Article, sera faict Droict. Et en tant que touche le neufiéme Article pour les Assignations delivrées par le Receveur des Aydes à aulcuns Cabaretiers & Taverniers, à la reddition du Compte dudict Receveur, luy sera pourveu ainsy que de raison. En tant que touche la descharge de compter ailleurs qu'en l'Hostel de ladicte Ville, des Deniers levés sur icelle, & particuliers Habitans, ordonne ladicte Chambre que lesdicts Impetrans bailleromt Estat au Procureur General d'icelle dans ung mois des noms, surnoms, qualités & demeurances de ceulx qui ont manié lesdicts Deniers, pour les faire adjourner afin d'en venir compter. Et quant aux Parties rayées & tenues en souffrance ès Comptes ja clos en ladicte 30. Avril 1596.

Chambre, rapportant les Comptables Acquicts & Pieces necessaires pour le restablissement & descharge d'icelles, sera faict Droict. Jouiront de leurs Privileiges, Dons & Octrois contenus au d.-huictiéme Article, comme ils en ont par cy-devant bien & duement jouy. & pour le regard du vingt-quatriéme desdicts Articles, auront lieu les Provisions des Offices qui ont vacqué par mort ou resignation, & dont les pourveus ont esté receus en tiltre d'Office. Sur le vingt-cinquiéme contenant la Suppression des Offices nouvellement erigés, ladicte Chambre ordonne que rapportant Roolle desdicts Offices mentionnés audict Article, sera faict Droict. Fait le trentiéme & dernier jour d'Avril, l'An mil cinq cens quatre-vingts & quatorze. Au-dessous est écrit: Extraict des Registres de la Chambre des Comptes. *Signé*, DE LA FONTAINE.

HENRY IV.
6. May 1594.

HENRY par la Grace de Dieu Roy de France & de Navarre, A nos Amés & Féaux Conseilles, les Gens de nos Comptes à Paris, & Court de nos Aydes dudict lieu, Salut. Nos bien Amés le Clergé & Habitans de nostre Ville de Meaulx, nous ont faict remonstrer, Que en faveur de la reduction de nostredicte Ville de Meaux à nostre Obeissance, & le service qu'ils nous y auroient particulierement faict, il nous auroit pleu leur accorder certains Articles de Dons, Octroys, Previleiges, Exemptions, Provisions d'Offices & Benefices, & aultres choses contenues esdicts Articles, qui ont esté verifiés en nostre Court de Parlement & les vous ayant presentés pour faire le semblable, vous auriez par vostre Arrest moderé plusieurs Articles, tenus en souffrance, mesme pour les Offices desquels les Exposans sont par Nous pourveus, & dont il y a Opposition formée à leur reception à leur grand prejudice, nous requerans très-humblement qu'il nous plaise, ayant egard que lesdicts Articles leur ont esté par Nous accordés pour consideration favorable, de nostre propre mouvement, estant fondés sur la fermeté & stabilité d'iceulx, qu'il nous plaise leur vouloir sur ce pourvoir. NOUS à ces Causes, desirans ce qui leur a esté par Nous accordé, estre effectué, pour les mesmes Considerations qui nous auroient meu à ce faire, Vous mandons, ordonnons & enjoignons par ces Présentes, signées de nostre main, que vous aiez à passer oultre à la verification & emologation pure & simple desdicts Articles selon leur forme & teneur, procedder à la reception & institution de ceulx qui seront pourveus des Offices mentionnés par iceulx; le tout sans y user d'aucuns, Restrinction, Modification, Refus ou Difficulté, ne attendre aultre Commandement de Nous, nonobstant Oppositions ou Appellations quelsconques, pour lesquelles, & sans prejudice d'icelles, ne voulons la reception & institution desdicts Offices estre differée, suspendue, ne retardée; enjoignant à nostre Procureur General prester le consentement à ce requis; requerir & poursuivre ladicte verification, nonobstant vosdicts Arrests de reffus, & les Causes qui vous auroient meu les donner, que ne voulons avoir lieu, ne y avoir esgard. Car tel est nostre Plaisir. Donné à Saint Germain-en-Laye le sixiéme jour de May, l'An de Grace mil cinq cens quatre-vingts-quatorze, & de nostre Regne le cinquiesme, Signé de la propre main du Roy, HENRY, *& plus bas*, par le Roy, POTIER, & scellé.

VEU PAR LA CHAMBRE les Articles accordés par le Roy aux Gens du Clergé & Habitans de la Ville de Meaulx, touchant la reduction nagueres faicte de ladicte Ville en son Obeissance. Lettres Patentes dudict Sieur du mois de Janvier dernier passé, signées, HENRY, & sur le reply, par le Roy, POTIER; contenans la Declaration sur ce faicte par Sa Majesté, & Approbation desdicts Articles, le tout registré en la Court de Parlement de Chaallons le dix-huictiéme jour de Mars aussy dernier. L'Arrest de ladicte Chambre, du vingt-deuxiéme jour d'Avril ensuivant, par lequel elle auroit ordonné le tout estre communicqué aux prevost des Marchans & Eschevins de ceste Ville de Paris. L'Opposition par eulx formée à l'Entherinement desdictes Lettres, pour le regard de la remise des Decymes. Aultre Arrest de ladicte Chambre, du trentiéme & dernier jour dudict mois d'Avril, par lequel elle auroit ordonné que lesdictes Lettres & Articles seroient registrées ès Registres d'icelle Chambre, aux Charges & Modiffications à plain contenues & declarées audict Arrest. Aultres Lettres Patentes du Roy, données à Sainct Germain-en-Laye le sixiéme jour de ce present mois de May, signées, HENRY, *& plus bas*, par le Roy, POTIER, par lesquelles ledict Sieur, desirant ce qu'il a accordé aux Impetrans, estre effectué, mande & enjoinct à ladicte Chambre qu'elle ait à passer oultre à la veriffication & emologation pure & simple desdicts Articles selon leur forme & teneur, & procedder à la reception & institution de ceulx qui seront pourveus des Offices mentionnés par iceulx; le tout sans y user d'aulcune Restrinction, modiffication, Reffus ou Difficulté, nonobstant Oppositions ou Appellations quelsconques, pour lesquelles, & sans prejudice d'icelles, ledict Sieur ne veult la reception & institution desdicts Officiers estre differée, suspendue ne retardée. La Requeste presentée à icelle Chambre par lesdicts Clergé & Habitans de Meaulx, tendant afin de veriffier lesdictes Lettres, & suivant icelles recevoir & installer lesdicts Officiers. Conclusion du Procureur General du Roy, auquel le tout a esté communicqué, & tout consideré. LA CHAMBRE a ordonné & ordonne que l'Arrest par elle cy-devant donné ledict trentiéme & dernier jour d'Avril dernier passé, sur la veriffication desdicts Articles accordés aux Impetrans par Sa Majesté, tiendra. Faict le unziéme jour de May, l'An mil cinq cens quatre-vingts-quatorze. Au-dessous est écrit: Extraict des Registres de la Chambre des Comptes. *Signé*, DE LA FONTAINE. 11. May 1594.

Extraict des Registres du Conseil d'Estat.

SUR le reffus faict par les Gens des Comptes à Paris, par leur Arrest, du unziéme de ce mois, de veriffier les Articles accordés par le Roy aux Gens du Clergé & Habitans de la Ville de Meaulx, sur la reduction de ladicte Ville en son Obeissance, & les Lettres de Declaration sur l'Ap- 14. May 1594. Il n'est point fait mention sur cette Piece, qu'elle ayt été transcripte & registrée en la Chambre des Comptes.

probation desdicts Articles; le tout enregistré en la Court de Parlement. Veu ledict Arrest de reffus, ensemble aultre Arrest auparadvant en ladicte Chambre le trentiéme d'Avril. Lettres de Jussion de Sa Majesté du sixiéme May, adressantes à icelle, pour procedder à ladicte verification. IL EST ORDONNÉ & enjoinct très-expressement ausdicts Gens des Comptes de procedder à la verification pure & simple desdicts Articles & Lettres Patentes de Declaration, selon leur forme & teneur, nonobstant lesdicts Arrests de refus & les Causes d'iceulx, sans plus y faire aucun reffus, Restrinction, ou Modiffication, & par mesme moien procedder à la reception des Officiers pourveus suivant lesdicts Articles. Et à ceste fin seront expediées toutes Provisions necessaires. Faict au Conseil d'Estat tenu à Paris le quatorziéme jour de May, mil cinq cens quatre-vingts-quatorze.

Signé, DE BEAULIEU.

HENRY IV. 14. May 1594.

HENRY par la Grace de Dieu Roy de France & de Navarre, A nos Amés & Feaulx Conseillers, les Gens de nos Comptes à Paris, Salut. Ayant faict veoir en nostre Conseil la Requeste à Nous presentée par nos Chers & bien Amés les Manans & Habitans de nostre Ville de Meaulx, tendant, pour les considerations y contenues, & que nonobstant vostre Arrest, donné le onziéme de ce mois, contenant le reffus par vous faict de procedder à la veriffication des Articles par Nous accordés aux Gens du Clergé & Habitans dudict Meaulx, sur la reduction de ladicte Ville en nostre Obeissance, & nos Lettres de Declaration sur l'Approbation desdicts Articles, il fust par vous proceddé à icelle veriffication, attendu mesmes qu'elle a esté faicte sans aucune Restrinction ne Modiffication; & après avoir aussy veu ledict Arrest & aultre precedent par vous donné le trentiéme d'Avril; nos Lettres de jussion du sixiéme dudict May, le tout cy attaché. Et voulans iceulx Articles, & nosdictes Lettres de Declaration sortir leur plain & entier Effect, tous Reffus & Difficultés cessans. Vous mandons & ordonnons très-expressement par ces Présentes, qui vous serviront de toute Jussion, & aultre Mandement plus special que sauriez attendre, ou recherches de Nous sur ce, vous ayez incontinant a procedder à la veriffication pure & simple desdicts Articles, & nos Lettres Patentes de Declaration, selon leur forme & teneur nonobstant vosdicts Arrests de reffus, & les Causes qui vous pourroient avoir meus de les donner, sans plus y faire aucun reffus, Restrinction, ne Modiffication, soubs quelque pretexte que ce soit; & par mesme moyen ayez aussy à proceder à la reception des Officiers pourveus ensuivant lesdicts Articles; & à ceste fin enjoignons à nostre Procureur General requerir & poursuivre ladicte verification, afin que le contenu en soit effectué selon nostre intention & volunté, nonobstant aussy toutesOrdonnances & Deffences à ce contraires. Car tel est nostre Plaisir. Donné à Paris le quatorziéme jour de May, l'An de Grace mil cinq cens quatre-vingts-quatorze, & de nostre Regne le cinquiéme. *Signé* par le Roy en son Conseil, DE BEAULIEU, & scellé.

SUR LES

SUR LES LETTRES PATENTES du Roy, données à Meaulx au mois de Janvier dernier passé, signées, HENRY, & sur le reply, par le Roy, POTIER; contenant la Declaration de Sa Majesté, & Approbation des Articles par elle accordés aux Gens du Clergé & Habitans de la Ville de Meaulx, touchant la reduction nagueres faicte de ladicte Ville en son Obeissance, aux Conditions à plain specifiés & declarés esdictes Lettres : VEUES lesquelles par la Chambre; l'Arrest d'icelle sur ce intervenu le trentiéme & dernier jour d'Avril aussi dernier passé, par lequel elle auroit ordonné que lesdictes Lettres & Articles seroient registrés ès Registres d'icelle, aux Charges & Modiffications contenues audict Arrest : Aultres Lettres Patentes du Roy données à Saint Germain en Laie le sixiéme jour de ce present mois de May, signées HENRY, & plus bas, par le Roy, POTIER, contenant Mandement à ladicte Chambre de lever lesdictes Restrinctions portées par ledict Arrest, nonobstant Oppositions ou Appellations quelsconques; aultre Arrest d'icelle Chambre du unziéme jour de cedict mois, par lequel elle auroit ordonné que le precedent Arrest tiendroit; ung Arrest du Conseil d'Estat tenu à Paris le quatorziéme jour de cedict mois de May, signé, DE BEAULIEU; Lettres Patentes du Roy dudict jour, signées par le Roy en son Conseil, DE BEAULIEU, par lesquelles ledict Sieur, conformement audict Arrest du Conseil, mande & ordonne très-expressément à ladicte Chambre pour toutes Jussions, qu'elle ait incontinant a procedder à la verification desdicts Articles & Lettres Patentes purement & simplement selon leur forme & teneur, nonobstant les susdicts Arrests & les Causes motives d'iceulx, sans plus y faire aulcun Reffus, Restrinction, ne Modiffication, & par mesme moien procedder à la reception des Officiers pourveus suivant lesdicts Articles, la Requeste presentée à icelle Chambre par lesdicts Habitans de Meaulx, afin de verifiier lesdictes lettres; Conclusions du Procureur Genéral du Roy, auquel le tout a esté communicqué, & tout consideré. LA CHAMBRE a ordonné & ordonne que les susdicts Arrests, par elle cy-devant donnés, tiendront. Faict le vingt-sixiéme jour de May, l'An mil cinq cens quatre-vingts-quatorze. Au-dessous est écrit : Extraict des Registres de la Chambre des Comptes, *Signé*, DANES. 26. May 1594.

HENRY par la Grace de Dieu Roy de France & de Navarre, A nos Amés & Féaulx Conseillers, les Gens de nos Comptes à Paris, Salut. Nous estimions que en vous conformant à nostre volunté & intention, portées par plusieurs nos Lettres Patentes, Arrest de nostre Conseil d'Estat, & Jussions, vous procedderiez à l'Emologation & Entherinement des Articles par Nous accordés à nos Chers & bien Amés, le Clergé & Habitans de nostre Ville de Meaux sur la reduction d'icelle Ville en nostre Obeissance. Mais au lieu de ce faire, & en continuant vos Reffus & Difficultés, vous avez par vostre Arrest du vingt-sixiéme jour de May dernier, ordonné que les Arrests par vous cy-devant rendus, tiendront; qui est, en ce faisant, contrevenir directement à ce que nous avons promis ausdicts de Meaulx, & s'opposer à chose qui estoit si requise pour le bien general de nostre Royaume, que ladicte Reduction, en faveur de 4. Juin 1594.

I

laquelle nous desirons que le contenu esdicts Articles soit entierement effectué, quelques causes & raisons qui vous pourroient mouvoir à plus persister au contraire. Parquoy, après avoir veu en nostredict Conseil l'Extraict de vostredict Arrest dudict vingt-sixiéme May dernier, cy, avec nosdictes Lettres, Extraict dudict Arrest d'icelluy Conseil, & Extraicts des vostres, attaché soubs le Contre-Scel de nostre Chancellerie. NOUS vous mandons, & de nostre plaine Puissauce & Auctorité Royal commandons, & très-expressement enjoignons par ces Présentes, ceste fois pour toutes, Que nonobstant vosdicts Arrests, & cessant toutes difficultés, & les remonstrances que vous pretendriez sur ce nous faire, vous ayez au plustost à procedder à ladicte Emologation & Entherinement du contenu esdicts Articles purement & simplement, en levant & ostant toutes les Modiffications, Restrinctions & Difficultés par vous cy-devant faictes, & portées par vostre Arrest du trentiéme & dernier jour d'Avril aussi dernier, & aultres ensuivans, sans plus donner occasion ausdicts du Clergé & Habitans de Meaulx d'en recourir à plaincte à Nous; enjoignant en oultre très-expressement à nostre Procureur General en ladicte Chambre de poursuivre en nostre Nom, ladicte verriffication, & que suivant icelle, les Officiers pourveus soient par vous receus conformement ausdicts Articles, nonobstant aussi Oppositions ou Appellations quelsconques, & quelques plus amples Lettres de Declaration de nostredicte volunté & intention que vouldriez attendre de nous, autres que eesdictes Présentes, qui vous serviront de finalle & derniere Jussion. Car tel est nostre Plaisir. Donné à Paris le quatriéme jour de Juing, l'An de Grace mil cinq cens quatre-vingts-quatorze. Et de nostre Regne le cinquiéme. *Signé*, par le Roy en son Conseil, FORGET, & scellé.

2. Aoust 1594. VEU PAR LA CHAMBRE les Lettres Patentes du Roy données à Meaulx au mois de Janvier dernier passé, signées, HENRY, & sur le reply, par le Roy, POTIER; contenanr la Declaration de Sa Majesté, & Aprobation des Articles par elle accordés aux Gens du Clergé & Habitans de la Ville de Meaulx, touchant la Reduction nagueres faicte de ladicte Ville en son Obeissance, aux conditions à plain specifiés & declarés esdictes Lettres; l'Arrest d'icelle sur ce intervenu le trentiéme & dernier jour d'Avril aussi dernier, par lequel elle auroit ordonné que lesdictes Lettres & Articles seroient registrées ès Registres d'icelle aux Charges & Modiffications contenues audict Arrest; aultres Lettres Patentes du Roy données à Saint Germain-en-Laye le sixiéme jour de May aussi dernier, signées, HENRY, & plus bas, par le Roy, POTIER, contenant Mandement à ladicte Chambre de lever lesdictes Restrinctions portées par ledict Arrest, nonobstant Oppositions ou Appellations quelsconques; aultre Arrest d'icelle Chambre du onziéme jour de May, par lequel elle auroit ordonné que le precedent Arrest tiendroit; ung Arrest du Conseil d'Estat tenu à Paris le quatorziéme jour dudict mois de May, signé, DE BEAULIEU; Lettres Patentes du Roy, dudict jour, signées, par le Roy en son Consei, DE BEAULIEU, par lesquelles ledict Seigneur, conformement audict Arrest

du Conseil, mande & ordonne très-expressément à ladicte Chambre, pour toutes Jussions, qu'elle ayt incontinant à procedder à la verifficution desdicts Articles & Lettres Patentes purement & simplement selon leur forme & teneur, nonobstant les susdicts Arrests, & les Causes motives d'iceulx, sans plus y faire aulcun reffus, Restrinction, ne Modiffication, & par mesme moien procedder à la reception des Officiers pourveus suivant lesdicts Articles; aultre Arrest de ladicte Chambre du vingt-sixiéme jour dudict mois de May, par lequel elle auroit ordonné que les susdicts Arrests par elle cy-devant donnés tiendroient; aultres Lettres Patentes du Roy, du quatriéme jour de Juing aussi dernier passé, signées, par le Roy en son Conseil, FORGET, par lesquelles ledict Seigneur mande, commande & très-expressement enjoinct à ladicte Chambre, que nonobstant lesdicts Arrests, & cessans toutes Difficultés, elle ayt à procedder à l'Entherinement desdictes Lettres purement & simplement, en levant & ostant toutes les Modiffications, Restrinctions & Difficultés cy-devant faictes, & portées par l'Arrest dudict trentiéme & dernier jour d'Avril, & aultres ensuivans; la Requeste presentée à ladicte Chambre par lesdicts Habitans de Meaux affin de vériffier lesdictes Lettres; Conclusions du Procureur General du Roy, auquel tout a esté communicqué; tout consideré. LA CHAMBRE a ordonné & ordonne que les Supplians jouiront de la remise des Decimes, & sera Sa Majesté suppliée en faire faire le remplacement aux Prevost des Marchans, & Eschevins de la Ville de Paris; & pour le surplus les Arrests de ladicte Chambre tiendront. Faict le deuxiesme jour d'Aoust mil six cens quatre-vingts-quatorze. Au-dessous est écrit: Extraict des Registres de la Chambre des Comptes. *Signé*, DE LA FONTAINE.

HENRY IV. 22. Septembre 1694.

HENRY par la Grace de Dieu Roy de France & de Navarre, A nos Amés & Féaux Conseillers, les Gens de nos Comptes à Paris, Salut. Encores que nous vous ayons cy-devant assez amplement faict entendre par plusieurs nos Lettres de Jussion, nostre volunté estre que nos bien Amés les Habitans de nostre Ville de Meaux jouissent de l'effect & contenu des Articles par nous à eulx accordées en faveur de la Reduction voluntaire qu'ils nous ont faicte de ladicte Ville soubs nostre Obeissance, & d'aultant que pour bonnes & grandes occasions nous leur avons icelles accordées, ce neantmoings, au lieu d'y satisfaire par vous, & vous conformer du tout à nostre volunté, à la presentation qu'ils vous ont faicte de la derniere de nosdictes Lettres de Jussion, vous continuez en vos Difficultés, & auriez ordonné par vostre Arrest donné sur icelles du deuxiéme Aoust dernier, que les precedens Arrests tiendroient; au moien de quoy ils sont contraincts de recourir à Nous à plaincte: & d'aultant que le Faict est de consequence, & que plusieurs aultres Villes, qui voudroient se remettre soubs nostre Obeissance, pourroient faire difficulté de ce faire, craignant de ne jouir de ce que nous leur pourrions accorder au moien de la Reduction d'icelles, n'ayant, après Dieu, rien plus en recommandation que nostre Parolle. C'est pourquoy lesdicts Exposans ont eu recours à nostre bonté & clemence accoustumée; ayant esgard aussi que la Reduction d'icelle

Ville a faict la planche à plusieurs aultres, qui se sont remises soubs nostre Obeissance, desquelles nous sommes apresent en possession; Nous requerans très-humblement pour ces Considerations, leur vouloir sur ce pourveoir. Nous à ces Causes, desirans gratiffier aultant qu'il nous sera possible lesdicts Habitans, & voulans qu'ils jouissent du contenu ausdicts Articles, Nous vous mandons, ordonnons, & très-expressement enjoignons ceste fois pour toutes, & sans attendre ne espérer de Nous aultre ne plus expresse Declaration de nostre vouloir & intention, que ces Présentes qui vous serviront de toute & finalle Jussion, & aultre Mandement plus special que pourriez attendre ou rechercher de Nous sur ce, & toutes remonstrances que vous pouriez faire, soit de bouche, ou par écript, que nous tenons pour toutes veues, ouyes & entendues, que incontinant & sans delay vous aiez à proceder à la veriffication pure & simple de toutes & chacunes les Articles par Nous, comme dit est, accordées aux Habitans de nostredicte Ville de Meaulx purement & simplement selon leur forme & teneur, sans plus y user de longeur ou remise, refus, ou difficulté, nonobstant & sans aulcun esgard à vosdicts Arrests, ne aux Causes qui vous pourroient avoir meu les donner, levant & ostant par vous toutes les Modifications, Restrinctions & Difficultés par vous faictes, attendu la consequence, enjoignant à nostre Procureur en ladicte Chambre faire toutes les requisitions necessaires pour ladicte verification. Car tel est nostre Plaisir. Donné à Paris le vingt-deuxiéme jour de Septembre, l'An de Grace mil cinq cens quatre-vingts quatorze, & de nostre Regne le sixiesme. *Signé* de la propre main du Roy, HENRY, *& plus bas*, par le Roy, Potier, & scellé.

2. Decembre 1594. Veu par la Chambre les Articles accordés par le Roy aux Gens du Clergé & Habitans de la Ville de Meaulx, touchant la Reduction faicte de ladicte Ville en son Obeissance; Lettres Patentes dudict Sieur du mois de Janvier dernier passé, contenant la Declaration sur ce faicte par Sa Majesté, & Approbation desdicts Articles, le tout registré en la Court de Parlement de Chaallons, le dix-huitiéme jour de Mars ensuivant; l'Arrest de ladicte Chambre sur ce intervenu le trentiéme jour d'Avril aussi dernier passé, par lequel elle auroit ordonné que lesdictes Lettres & Articles seroient registrées ès Registres d'icelles, aux Charges & Modifications à plain contenues & declarées audict Arrest; deux aultres Arrests de ladicte Chambre des unziéme & vingt-sixiéme jours de May ensuivant, par lesquels, & veues les Lettres de Jussion y dattées & mentionnées, elle auroit ordonné que le susdict Arrest tiendroit; aultres Lettres de Jussion du quatriéme jour de Juing dernier passé; aultre Arrest de ladicte Chambre du deuxiéme jour d'Aoust ensuivant, An present, par lequel elle auroit ordonné que les Impetrans jouiroient de la remise des Decymes, & que le Roy seroit supplié en faire faire le remplacement aux Prevost des Marchans & Eschevins de ceste Ville de Paris, & pour le surplus que les susdicts Arrests tiendroient; aultres Lettres Patentes du Roy, données à Paris le vingt-deuxiéme jour de Septembre aussi dernier passé, signées HENRY, & plus bas, par le Roy, Potier, contenans iterative Jussion, &

Mandement très-exprès à ladicte Chambre de procedder incontinant & sans delay à la verification pure & simple de toutes & chacunes lesdictes Articles par Sa Majesté accordés ausdicts Habitans de Meaulx, selon leur forme & teneur sans plus y user de longeur ou remise, reffus ou difficulté, nonobstant les susdicts Arrests; la Requeste presentée à icelle Chambre par lesdicts Habitans ausdictes fins de verification; Conclusions du Procureur General du Roy, auquel le tout a esté communicqué; & tout consideré. La Chambre a ordonné & ordonne que lesdicts Habitans jouiront de la remise des Tailles pour neuf années, sans toutesfois que le Plat-Pays de ladicte Election puisse estre surchargé acause de ladicte exemption; & pareillement du contenu en l'Article vingt-cinquiéme pour la suppression des Officiers de nouvelle creation, sans prejudice du remboursement que pourroient pretendre les pourveus, pour lequel se pourveoiront ainsy qu'ils verront bon estre. Et pour le surplus, que les Arrests d'icelle Chambre cy-dessus dattés & mentionnés, tiendront. Faict le premier jour de Decembre, l'An mil cinq cens quatre-vingts & quatorze. Au-dessous est écrit; Extraict des Registres de la Chambre des Comptes.

Signé, De la Fontaine.

Collationé aux originaux par moy con[seill]er secretaire du Roy maison couronne de france et de ses finances grand audiencier de france a Paris ce trente juillet mil sept cent quatre vingt un

Balma de Belmont

www.ingramcontent.com/pod-product-compliance
Ingram Content Group UK Ltd.
Pitfield, Milton Keynes, MK11 3LW, UK
UKHW021151220726
13924UKWH00003B/1101